教育行知录

任永生 著

东北大学出版社
·沈阳·

ⓒ 任永生　2023

图书在版编目（CIP）数据

教育行知录 / 任永生著. — 沈阳：东北大学出版社，2023.8

ISBN 978-7-5517-3352-6

Ⅰ. ①教… Ⅱ. ①任… Ⅲ. ①教育工作—文集 Ⅳ. ①G4-53

中国国家版本馆CIP数据核字（2023）第162466号

出　版　者：东北大学出版社
　　　　　　地　址：沈阳市和平区文化路三号巷11号
　　　　　　邮　编：110819
　　　　　　电　话：024-83687331（市场部）　83680267（社务部）
　　　　　　传　真：024-83680180（市场部）　83687332（社务部）
　　　　　　网　址：http://www.neupress.com
　　　　　　E-mail：neuph@neupress.com
印　刷　者：沈阳市第二市政建设工程公司印刷厂
发　行　者：东北大学出版社
幅面尺寸：170 mm × 240 mm
印　　张：14
字　　数：229千字
出版时间：2023年8月第1版
印刷时间：2023年8月第1次印刷
策划编辑：邴　璐
责任编辑：周　朦
责任校对：张庆琼
封面设计：潘正一

ISBN 978-7-5517-3352-6　　　　　　　　　　　　　　定　价：55.00元

　　本书是著者在任职葫芦岛市南票区教育局局长和葫芦岛市第二高级中学校长期间，对自己教育实践随时随地的感悟和积累，并不是一些读书心得。这些思想上的认识与实践上的感悟都是日积月累形成的，并不是为了著书而特意为之。现将这些内容，以人生、修心、修智、修身、教育、教师、成长、家教、管理、创新等方面为切入点，整理成十一篇，即探寻幸福人生的真谛、一切从心出发、改变认知才能改变行动、改变思辨才能改变思路、遵循天道人性做人做事、教育就是让学生真正成为人、教师是学生成长的重要引领者、学习的本质就是自我成长、走出家庭教育的种种误区、领导与管理的核心密码、创新的本质是冲破禁锢回归本真。

　　本书有三个特点：一是坚持用辩证唯物主义的立场、观点和方法发现问题、分析问题及解决问题；二是坚持党的教育方针，从立德树人的根本立场出发，站在人的终身发展的角度，思考和分析教育问题；三是借鉴中国传统文化中的教育智慧，思考当今教育的问题，并提出解决问题的现实建议。

　　教育工作本身就是一场人生修行，每一次教育实践都是自己人生的修行场，每一种教育行为都可以让自己的灵魂得到提升，让自己的心灵能量增强，从而影响学生，甚至改变学生的人生轨迹。教育的真正魅力，就是让教育工作者始终受教育，在成就学生的同时成就自己。教育工作者并不一定要做出惊天动地的大事，通过一件件小事也可以培养出更多的可以做大事的学生。因此，选择了教育，其实就是选择了责任与担当，也就是选择了一份能够让自己的灵魂不断提升的伟大事业。

希望读者能够从本书中得到一些启发，但由于著者的教育实践和思想水平有限，有些观点不一定能够得到读者的认可，难免存在错误或不妥之处，恳请读者批评指正。

著 者

2023年2月

第一篇　探寻幸福人生的真谛 / 1

第二篇　一切从心出发 / 29

第三篇　改变认知才能改变行动 / 53

第四篇　改变思辨才能改变思路 / 79

第五篇　遵循天道人性做人做事 / 101

第六篇　教育就是让学生真正成为人 / 121

第七篇　教师是学生成长的重要引领者 / 145

第八篇　学习的本质就是自我成长 / 165

第九篇　走出家庭教育的种种误区 / 191

第十篇　领导与管理的核心密码 / 197

第十一篇　创新的本质是冲破禁锢回归本真 / 209

第一篇
探寻幸福人生的真谛

相信每个人都问过自己：人生的意义是什么？人生的价值是什么？什么样的人生是幸福的？应该怎样度过自己的人生？

我认为，人生的意义，就是通过工作与生活去不断改变自己的生存状态，让自己的灵魂不断得到提升。人生的价值，就是通过将自己内心的能量传递给别人，实现精神上的成长。这样的人生可谓幸福的人生。

因此，我们不应该过度追求名利，而应该通过三修，即修心、修脑、修行，让自己的思想逐渐升华。用心做事是大智慧，用脑做事是小聪明，用嘴做事是华而不实。只有心、脑、行"三位一体"，才能成就幸福人生。

信仰就是三个"始终"

始终坚信一种正确的理论体系，并用这个理论体系所提供的立场观点和方法观察问题、分析问题、解决问题；始终在心中有一个理想，也就是终生追求的人生目标；始终锁定这个目标，并为之奋斗终生。

人生的"一二三"

人生要有一个目标，并且一心一意、忠贞不渝地去追求。坚持"两点论"，任何事物都是对立统一的，要用辩证法去客观看待。坚持"三段论"，做任何事情都要知道为什么、是什么、怎样做。"为什么"考验的是立场，也就是心；"是什么"考验的是智慧，也就是脑；"怎样做"考验的是行动力，也就是行。

三修

修心、修脑、修行是每个人终生都要修炼的。

修心，即修炼自己的大爱胸怀和包容之心，在别人需要帮助的时候伸出援手，且不求回报；修脑，即修炼自己的智慧，掌握规律，且按照规律办事；修行，即修炼自己的行为，将好的想法付诸行动，让行为符合规范。

人生的三大挑战

挑战传统，传统既有精华也有糟粕，要发扬其精华之处，抛弃其糟粕之处；挑战世俗，大家认为对的东西不一定都是对的，大家做的事情也不一定都符合规律，要敢于推陈出新；挑战自我，不断认识自己、提升自己、突破自己，用"新我"代替"旧我"，让自己不断成长。

风景与背景

把握好自己的角色,应该作风景的时候,千万不要作背景;应该作背景的时候,千万不要作风景。如果找不到自己的角色定位,就不知道自己是谁,也不知道自己该去哪里,也就很难成功。

随笔

◎创造财富和探索真理,都可能给你带来快乐和幸福,但获得快乐和幸福不仅是因为这些事情本身,还有在实现这些目标的过程中,你的心灵不断成长,你的人生更有意义。

◎人活着,归根结底,不应是外物的奴隶,而应是自我的主宰。

◎活在别人的掌声中,早晚会失去幸福,因为人的一生不可能总有掌声。

◎人生有时应该像时钟一样,到了子夜就要从零开始,只有归零,才会有新的周期与辉煌。攥紧拳头,手里什么都没有;张开双手,就会拥有整个世界。做人要适时"归零",但不能妄自菲薄。

◎即使在前进的路上走得很慢,但你仍然领先于那些停在起点的人。

◎抱怨只能使人颓废,不能解决任何问题,只会把自己伤害得更深。

◎确定正确的目标后,就马上出发,不要因为没有伙伴而耽误出发的时间,更不要怕别人说你一意孤行而犹豫不决,那些志同道合的伙伴,会在行进的路上相遇。每一次出发,都会有美好的相遇;每一次美好的相遇,都会为再次出发蓄满能量。

◎成功者之所以凤毛麟角,是因为真正能够坚持的人少之甚少。与其左顾右盼地观察别人是不是还在坚持,不如自己勇往直前,因为别人也正在看着你,你的坚持也许会成为别人坚持的理由。

◎不要让别人的放弃成为你放弃的理由,要让你的坚持成为别人不放弃的力量。

◎不要等到后悔的时候才去做应该做的事情,更不要做明天就要后悔的事情。抓紧做自己应该做的事情,不要随波逐流做自己不应该做的事情。

◎每个人的人生道路都是曲线,一些人赢就赢在许多重要的拐点上。每一个拐点都是人生的重要节点，都是一个新的出发点。

◎境界追求高度，思想追求深度，生活追求厚度，行动追求力度，前进追求速度，交往追求温度，做人追求风度。

◎心载德，脑载道，体载行。德乃大爱，道乃规律，行乃行动。

◎每个人的周围都有一个场，这个场就像电磁场，时刻影响着他的思想、心态、行动。构成这个场的因素有很多：一是与周围人的关系；二是与周围事情的关系；三是与周围自然环境的关系。这些关系的作用最终都体现在与自己的关系上。如果你有良好的人际关系，认真对待每一件事情，热爱周围的自然环境，那么这些因素构成的场提供给你的就是正能量。有了正能量，你就会认识自我、突破自我、发展自我。反之，如果周围的场提供给你的是负能量，你就很难认识自我、发展自我、突破自我。

◎有智慧的人，从来不活在别人的嘴里，也不活在别人的眼里。

◎道德可以弥补智慧上的缺陷，但智慧永远弥补不了道德上的缺陷。人的两种力量最有魅力：一种是人格的力量，另一种是思想的力量。

人生的价值与意义

价值就是你的存在究竟能给别人和社会带来什么，意义就是你究竟想从这个世界上获得什么。这两个问题既有联系又有区别，但是许多人将它们混为一谈，认为意义就是价值，其实不然。人生的价值有大小，而无论价值大小，都必须追求人生的意义。对于普通人来讲，明确人生的意义更重要。我们也许没有能力给别人和社会带来更多的利益，但我们要幸福地活着，活着的意义就是追求心灵的解放与成长，从而获得快乐与幸福。

随笔

◎通过致良知于事事物物，提升自己的心灵品质，这就是人生的意义。通过致良知于事事物物，让事事物物各得其正，这就是人生的价值。

◎自信者谦，自卑者傲；自信者内圣外王，自卑者外强中干。

◎人的能力有大小，做的事情也就有了大小。因此，不要和别人比所做事情的大小，而是要把自己能做好的事情真正做好。

◎天生我材必有用，每一个人都有自己独特的价值，如果你处在错误的人际圈里，就可能找不到施展才能的舞台，得不到正能量。

◎你周围的人也许一直不知道你是谁，因为他们从来没有走进你的心灵，但你必须知道自己是谁，只有这样，你才能找到人生的坐标。

人生的三件事

找到自我，实现自我，回归自我。

随笔

◎短期来看，草的长势明显快于树的长势，但是几年过后，草换了几拨儿，树依旧是树。所以这个世界上只有古树、大树，却没有古草、大草。做人、做事，重要的不是一时的快慢，而是持久的发展。

◎很多人一生走了许多台阶，累得疲惫不堪，最终也不知道自己要去哪儿。

人生的三层"楼"

第一层是物质生活，第二层是精神生活，第三层是灵魂生活。

情与理

该讲情的时候，你却讲理；该讲理的时候，你却讲情。不分实际的做法都是错误的，要正确处理好"情"与"理"的关系。

简单与复杂

想要活得简单，就不要处于复杂的环境中。否则你会发现，做个复杂的人真简单，做个简单的人好复杂。

> **随笔**
>
> ◎生命不是一场赛跑，而是一次旅行。比赛在乎跑道的终点，旅行在乎沿途的风景。有好心情，才会有好风景。

熟悉与陌生

成功者总是把陌生人变成熟悉的人，失败者总是把熟悉的人变成陌生人。

> **随笔**
>
> ◎换个视角看世界，换个角度看人生，让生活更理性，让思路更清晰。
>
> ◎人天天都在参加考试，小题考态度，大题考智慧。
>
> ◎一些人一生都在追求做事的平台，却没有时间和精力真正做事。

迷茫与困惑

在前进的道路上，如果前面突然没有路了，你会感到迷茫；如果突然出现好几条路，因为不知道该走哪一条，你会感到困惑。但只要你心中的目标是坚定的，它就会指引你走出迷茫和困惑。

> **随笔**
>
> ◎过错是暂时的遗憾，错过则是永远的遗憾，不要因害怕过错而错过。
>
> ◎庄子认为，人的认识有三个局限性：第一是空间，如井中之蛙不知天外有天；第二是时间，如夏虫不可语冰；第三是教养，如不可与见识浅陋的人谈论道理。
>
> ◎忘记失去的、感激拥有的、追求美好的，随风而行、随遇而安、顺其自然。

> ◎有阴影的地方，肯定有光线。如果你总能看到自己的影子，那是因为你自己挡住了光线。
>
> ◎人总是把主要精力放在自己认为重要的事情上，但现实往往是你竭尽全力做的事情，并不一定是真正重要的事情。因此，人生最重要的并不是你尽心尽力做了哪些事情，而是做了多少你应该做的事情。

担当

有强烈的责任心才敢于担当，有能力和智慧才会担当，有不怕牺牲的精神才能让担当由口号变成现实。

人生的三面镜子

望远镜，用于登高远望，看清方向；显微镜，用于细致观察，见微知著；照妖镜，用于鉴别真善美与假丑恶，扶正祛邪。

☞ 随笔

> ◎世界上最不缺两种人，即看不起自己的妄自菲薄者和太看重自己的妄自尊大者。别人怎么看待你并不重要，正确地看待自己，才能成为更好的自己。
>
> ◎越是掩盖自己的无知与浅显，就越容易失去获得真知的机会。
>
> ◎人活到极致，一定是素与简。活得越素简，越能听见内心的声音。生活越素简，内心越绚烂丰盈。
>
> ◎有人问泰戈尔三个问题：第一，世界上什么最容易？第二，世界上什么最难？第三，世界上什么最伟大？泰戈尔回答：指责别人最容易，认识自己最难，爱最伟大。

人生三戒

德薄而位尊，智小而谋大，力小而任重。

> **随笔**
>
> ◎人生的脚步不要总是匆匆忙忙，要学会停下来笑看风云，坐下来静赏花开，沉下来平静如海，定下来静观自在。心境平静无波，万物自然得映；心灵静极而定，刹那便是永恒。

人生的质量＝长度 × 宽度 × 高度

人生的长度，不是主观能决定的，但人生的宽度和厚度是自己能够把握的。人生的质量是人生的长度、宽度、高度所决定的。生命的长度再长，如果没有宽度和厚度，人生的质量也不会很高。

> **随笔**
>
> ◎每一个终点都是新的起点，每一个新的拐点都是一个新的转折点，每一个新的挑战都是新的机遇，我们永远在路上，不忘初心、奋力前行。

本色做人，角色做事

做人坦坦荡荡、实实在在，做事认认真真、稳稳当当。锐气藏于胸，和气浮于脸，才气见于事，义气施于人。积极工作，快乐生活，去品味人生的幸福。

> **随笔**
>
> ◎人生就像一条河，从源头出发是涓涓细流，被狭窄的河岸所束缚，但当它热烈地奔过巨石、冲越瀑布后，便渐渐地变宽，流动得更加平静，最后汇入大海。
> ◎不同的价值观就会有不同的选择，不同的选择就会有不同的命运。
> ◎智者，总是享受着自己的生命，享受着自己的闲暇时间；愚者，总是害怕空闲给自己带来的无聊，总是找些低级趣味的事情去做，给自己一点暂时的快感。
> ◎成功的道路并不拥挤，只因坚持的人不多。所谓成功，就是明确

目标后的坚持。所以说,坚持是成功与失败的分水岭。

◎感恩是幸福之源,抱怨是痛苦之根。心存感恩才会获得源源不断的正能量,心存抱怨只能让负能量不断侵蚀心灵。

◎一味地按照别人的指引盲目前进,可能会一脚踏空,摔得惨痛。

◎表面繁荣未必是好事,抛开表象看实质,才能找到人生真谛。

◎人越依赖物质,就越没有自由,甚至成为物质的奴隶。因此,对物质的依赖程度决定人的自由程度。

◎成功不是靠豪言壮语的口号,而是明确目标后,在前进道路上的脚踏实地。

生活中的减法

面对纷繁复杂的世界,想让自己的生命活出境界,就要学会做减法,经常过滤、经常反思,远离浮躁和虚荣,把没有价值的东西层层剥离,让自己真正回归本心。

☞ 随笔

◎精神实力永远是人的核心实力,也是人的幸福源泉。

◎没有无缘无故的成功,成功的背后都是人们没有注意的努力和拼搏;没有无缘无故的失败,不要失败了就怨天尤人,而要从自身寻找原因。

◎人生最大的幸福是忠于自己的内心,做自己喜欢的事。

◎不是有了条件才能成功,而是想成功才创造了条件。

◎只有不断突破自己的生活领域和专业边界,才能抵达思想的高处。

◎宁可在一个注定成功的平台上暂时失败,也不要在一个注定失败的平台上暂时成功。

◎每个人的潜能都是无限的,成功能够最大限度地发挥自己的潜能。

觉悟

只有自觉,才能体悟出道理;只有真正体悟,才能觉醒。二者互为条件、互为结果，觉悟合一。

赏心悦目

五官（耳、目、口、鼻、舌）端正只能悦目，三观（世界观、人生观、价值观）端正才能赏心。五官是现象，三观是本质，人与人的交往常常是始于五官、止于三观。

> **随笔**
> ◎一切改变都是从不舒服开始的，人们之所以不喜欢改变，是因为喜欢舒服。
> ◎精准的勤奋，可以让我们走向成功；而盲目的忙碌，很难让我们远离平庸。

幸福

幸福的唯一源泉就是心灵的不断提升，每一次心灵的提升都会带来身心的愉悦。唯有心灵提升，才能让自己真正理解客观世界，冲破物质利益的羁绊，从而真正释怀。

突破

突破从改变开始，没有突破就没有提升，要勇于做自己没做过的事情，挑战自我、突破自我、提升自我。

> **随笔**
> ◎我们总是在自己熟悉的世界里奔跑，跑来跑去还是停留在有限的范围内，只有量变，没有质变。只有敢于突破边界、冲出局限，才能提升档次、实现跨越。
> ◎做更好的自己，方能遇见更好的人，方能处于更好的环境。

◎不怕没方法，就怕没方向；不怕走得慢，就怕不出发。

拼

拼是一种挑战自我的精神，是一种追求卓越的境界，是一种自强不息的品质。

事业与职业

积极向上的人，把工作当作事业，把重担看作成长的机会，喜欢向前看，不知疲倦；消极懒惰的人，把工作当作谋生的职业，把重担看作负担和吃亏，喜欢"向钱看"，拈轻怕重，多做一点工作就叫苦连天、疲惫不堪。

随笔

◎今天做的事情明天还得做，这就叫职业；今天做的事情明天还想做，这就叫事业。

简单

简单是一种境界，是一种认知，是一种态度，是一种选择。学会简单，内心反而会有满满的能量。

随笔

◎自由，不是随心所欲，而是自我主宰。
◎越有故事的人，越沉静简单；越是肤浅单薄的人，越浮躁不安。

成熟

成熟就是你越来越能接受现实，并有能力改变现实，而不是越来越现实。

差距

我们往往忘记了那些曾经帮助过自己的人,但当我们需要帮助的时候,他们还是会义无反顾、毫无怨言地伸出温暖的援助之手。其实,这就是我们和他们的差距。

> **☞ 随笔**
>
> ◎人生的三种快乐:知足常乐、自得其乐、助人为乐。

责人与责己

以责人之心责己,就会不断发现别人的优点,找到自己的缺点,才能不断提升自己的心灵品质。

出发才能成功

凡事都是在做的过程中学,不要预设那些不一定存在的千难万险。相信自己,马上出发,在路上不但能够增长本领,而且会遇到志同道合的人与你同行。锁定目标,一路向前,成功在即。

> **☞ 随笔**
>
> ◎每个人的生命都是一粒神奇的种子,通过学习与实践的不断浇灌,就会长成参天大树。

勇者不惧

"勇"不仅仅是勇敢的意思,勇敢一般是指面对外部的困难与挑战而无所畏惧。"勇"的另一层含义是勇于,即勇于改正自己的缺点,勇于否定自我、突破自我，进而不断完善自我。勇敢面对外部困难与挑战，并且勇于改过自新、完善自我，才算真正做到勇者不惧。

学会感恩

人一定要学会感恩，不能忘记帮扶你的人。同样，也不能忘记绊倒你的人，因为你被他绊倒了，说明他帮助你找到了弱点，告诉了你今后要努力的方向。

> 👉 **随笔**
>
> ◎人生，就是不断修心的过程。本心光明，才能遇见更好的自己，才能遇见更可爱的他人，才能遇见更美丽的世界，才能让自己的人生无限光明。

频道

有的人，你无法改变，因为你们根本不在一个频道上，你发出的能量，他根本不可能接收到。频道相同的人聚集在一起，会产生更大的能量；频道不同的人聚集在一起，会互相干扰、消耗能量。

突破与突围

要想突围，首先要实现点上的突破，找到突破点，这需要智慧；然后发力，这需要力量。因此，只有实现点上的突破，才能实现整体的突围。

人性的欲望

人性中有两种永不满足的欲望：一种是追求对物质的不断占有，另一种是追求灵魂的不断上升。如果追求物欲的满足，灵魂就会不断下降；如果追求灵魂的上升，物欲就会适可而止。

相信本真

人生之路的宽与窄,往往不取决于聪明与否,而在于是否相信本真。相信本真的美好,便会心存信仰,让人生之路越走越宽。

路径不同,风景各异

去同样的地方,如果选择不同的路径,就会看到不同的风景。不要以为自己走的路就是最好的,你没走过别人的路,就不会欣赏到别人见到的美丽风景。

◎一个人"看不惯"的人和事越多,他的境界就越低、格局也就越小。

一切向内求

用镜子照物,如果模糊不清,你是去擦所照之物,还是去擦镜子?用眼睛看东西,如果看不清,你是擦所看之物,还是擦自己的眼睛?用心体悟道理,如果想不透,你是埋怨道理不清,还是去提高心灵品质和自己的体悟能力?

梦想与挑战

有梦想,就别怕挑战,成功其实就是迎接一个个挑战、战胜一个个困难的结果。越是接近目标,就越是面临各种挑战与困难。迎接最严峻的挑战,战胜最艰苦的困难,就会看到曙光、走向成功。

坚持

为了坚持而坚持,最终坚持不到最后,这种坚持是痛苦的。为了梦想而坚持，最终必将看到胜利的曙光，这种坚持是快乐的、幸福的。

◎我们一直寻找的，可能是自己原本早已拥有的；我们总是东张西望，唯独漏了自己真正想要的。这就是我们至今难以如愿以偿的原因。

人生的烦恼

人烦恼的根源主要有两个：一个是无明，就是心不明澈，不知道心之本体的本来状态；另一个是贪婪，就是私欲过重和膨胀。因此，人要远离烦恼，一要明心，让内心明澈；二要格除物欲，达致良知。

自由

自由不是想干什么就干什么，而是不想干什么就能够做到不干什么，它是自省基础上的自律。

人生的高度

思想的深度、胸怀的广度、德性的厚度，构成人生的高度。

放弃

人们往往在最黑暗的时候放弃追求光明，不是因为毅力不够坚强，而是不知道离光明还有多远。

◎不要以为在大平台上就一定会大有作为，不要以为与名人同行就一定会成为名人，关键在于自己能力与素质的提升。

◎ 做人，目标要高远；做事，不要好高骛远。

◎ 有时候简单比复杂更难，因为人总是有太多欲望，有太多的考虑和算计，有太多难以割舍的牵挂。人的境界越高，生活就越简单。

信仰、信念、信心

信仰，是指对某种理论的信奉和尊敬，并把它奉为自己的行为准则。信念，是指对认为是事实或必将成为事实的事物的判断、观点或看法。信心，是指相信自己的愿望或预料一定能够实现的心理。

随笔

◎ 你飞翔得越高，在那些不能飞翔的人眼中的形象就越是渺小。

◎ 最简单的东西，往往是人们最看不懂的东西，因为人们已经习惯用复杂的眼光观察事物。

◎ 看一个人是否富有，需要看他拥有多少用金钱无法买到的珍贵东西。

机会

当机会来临时，如果感觉不适应，说明你还没有真正准备好。

随笔

◎ 人生就是不断修复内心世界与外部世界的关系，从而获得幸福的过程。

◎ 天道酬勤，地道酬善，人道酬诚，商道酬信，业道酬精。

出发

目标既然确定，就要马上出发。不要担心一路上没有伙伴，在正确的道路上前进，一定会遇到许多同行者；不要担心阻力重重，只要向既定的目标前进，总会排除阻力；不要担心路途遥远，只要不停止脚步，就会不断接近目标。

行动要把握"三点"

出发点，找到自己出发的理由，并清楚自己出发前的实际情况，整装待发；行动支点，找到解决问题的关键，选择好支点，再找到杠杆和力量，用有限的力量撬动大格局；归宿点，知道究竟要去哪里，并时刻不忘初心、牢记使命，不被路边的美景所迷惑，不被路上的荆棘所阻挡，一路向前。

成熟

成熟的人如山一样厚重，举手投足、言谈举止间，透出一种风趣、冷静、沉稳与睿智，为人处世严谨、认真、果敢，富有感染力、感召力，让人百"阅"不厌。

> 随笔
> ◎任何一项活动或者工作，只有在成为提高自己心灵品质和追求幸福生活的需要时，才真正具有了意义和价值。

贵族精神

一是文化的教养：抵御物欲，反对享乐，培育高贵的道德情操。二是勇于担当：严于自律，珍惜荣誉，扶贫帮困，责任担当。三是自由的灵魂：有独立意志，具备道德的自主性，超越时尚与潮流，不为政治强权与多数人的意见所奴役。

自信

不相信自己的人，就很难相信别人；不相信别人的人，实质是缺乏自信的人。

平台与做事

如果一个人一直追求名利,追求更高的地位,追求更大的平台,却没有时间去做事,结果忙忙碌碌而一事无成,那么回想往事,则悔之晚矣!

人生华美的乐章

用自己生命演奏出的乐章是美妙的。生命的内核是人的本心,本心的内核是良知。良知自然流淌的声音,就是人生华美的乐章。

爱的三个层次

第一层次,给人以物质帮助;第二层次,给人以思想观念;第三层次,给人以心灵的力量。

心灵层次

第一层次,敬畏之心,依道而行;第二层次,慈悲之心,依德而行;第三层次,感恩之心,依情而行;第四层次,宽容之心,依礼而行。

遇见更好的自己

在人生道路上,不要总期盼遇到贵人,而是要不断修炼自己的灵魂。当你遇到更好的自己时,就会发现,那些你想遇到的人都和更好的自己在一起。

◎人生如大河,不可能没有任何阻碍笔直而下,而是绕过艰难险

阻、弯弯绕绕。只要奔向大海的初心不变，无论多么曲折，最终定能汇入大海。

◎人们之所以走不出迷宫，是因为迷宫的高墙挡住了人们的视野。如果你的身高超过迷宫墙壁的高度，迷宫也就不能称之为迷宫了。因此，要想减少人生道路上的迷茫与困惑，办法之一就是提高自己，登高望远，看清道路。

行百里者半九十

一百里的路程，尽管已经走到九十里，也只能算走了一半而已。人们往往在接近终点时，认为大功告成从而放弃努力，结果半途而废。做大事，越接近成功就越困难，越需要认真对待，坚持到底才能成功。

随笔

◎幸福是什么？幸福就是从平凡的生活中找到快乐，而不是过一种不平凡的生活。

人生的意义与价值

人生的全部意义在于自我心灵的提升，人生的全部价值在于用自身心灵的力量影响他人心灵的提升。

随笔

◎顺境与逆境都是人生的修道场。顺境时，抓住机会大胆实践，追求实践高度；逆境时，磨炼自己的心智，追求思想深度。

◎只要出发，什么时候都不晚。只要不放弃，就没有所谓失败。

知己

能够正确认知自我，才能正确认知他人，才能得到他人的认可。无论是想得到知己，还是想成为别人的知己，都是以正确的自我认知为前提的。

> **☞ 随笔**
>
> ◎受到别人指责的时候，如果问题是真的，就要认真对待；如果问题不是真的，又何必在意。

羡慕和嫉妒

你的发展让别人望尘莫及时，别人就会羡慕你；你的发展刚刚超越别人时，别人就会嫉妒你。

> **☞ 随笔**
>
> ◎我们常常拒绝一些自己不懂的东西，固守一些自己认为懂的东西，结果因为拒绝而让自己的知识越来越有限。
>
> ◎如果我们能够用好两把尺子，一把用来量别人的优点，另一把用来量自己的不足，学习别人的优点，克服自己的不足，就能够不断进步。
>
> ◎小时候以为自己能改变世界，年轻的时候以为自己能够改变别人，中年以后才真正懂得自己能够改变的只有自己。
>
> ◎导致痛苦的不是贫穷，而是贪欲。一个人贪欲的程度，决定了他痛苦的深度。
>
> ◎人只能享受和他相匹配的东西。得到一件东西的最好方式就是通过自己的努力，让自己配得上它。
>
> ◎人很难驾驭超过自己能力的局面。因此，不要追求高位去驾驭自己没有能力驾驭的局面，以致给事业带来灾难。
>
> ◎有许多人，为了得到世俗的认可，活在别人的世界里，不甘自己的平凡，追求世俗所说的成功，一次次地放弃做自己的机会，逐步走向了平庸。
>
> ◎无论做什么事，当你喜欢这件事本身，做事的过程就是享受。如果把这件事当作达到某个功利目的的手段，做事的过程就是痛苦。
>
> ◎真正有实力的人，才能真正做到低调。他们具有融入骨子里的自

信，来自外在的嘲讽和打击不会对他们造成伤害。

◎心中有目标的人，遇迷雾而不迷失方向，遇黑暗而勇敢穿越，遇高山而勇于翻越，遇大河而不惧风浪。

◎赢得别人尊重不取决于你做什么，而取决于你怎么做和以什么样的心态做。

◎成功者从不炫耀自己认识多少人，但却被许多人认识。

◎在这个世界上，任何人都无法改变你，除非那个人是你自己；任何人都无法击垮你，除非那个人是你自己。

◎人对自己的认知程度决定了对外界的认识程度。人的内在的局限性决定了对外界认识的局限性。因此，要想进一步认识客观世界，必须从进一步认识自我开始。

◎只有到达更高的山峰的时候，回头看那些曾经越过的山峰，才感觉那不算什么。

◎争论的目的是辨别是非曲直，如果你的内心清澈光明、是非曲直明确，又何必与人争论。

◎贪婪是因为视野太窄，纠缠是因为格局太小。

◎有些人喜欢通过否定别人来抬高自己，其实你的高度别人已经看得清清楚楚，你对别人的否定，不但不能抬高自己，反而会降低自己。

◎人生有三种苦根，即苦于放不下名利、苦于处处与人比较、苦于没有人懂自己。若能挖掉这三种苦根，迎来的就是快乐与幸福。

◎不顺之时不怨，变故之时不惊，诽谤之时不辩。

◎有的人是依靠拥有的地位给自己带来光芒，有的人是用自身的光芒照亮自己的位置。

◎有些东西得到才知其珍贵，有些东西失去才知其珍贵；有些东西得到才知其无用，有些东西失去才知其无用。

◎成功的人，都是善于放弃那些看起来很有价值，但与自己奋斗目标没有关系的事情。

◎每个人都应该珍惜自己生命中的两种人：一种是能改变你的人，另一种是你能改变的人。能改变你的人，你对他一定是发自内心地认可；你能改变的人，他对你一定是发自内心地认可。

◎在你接触的陌生人当中，不要总是关注那些侃侃而谈的人，而忽视那些很低调的人，有时那些低调的人，往往是最有内涵和实力的人。

◎为什么越忙效率越低，因为我们做了许多无用的事情；为什么越来越累，因为我们做了许多自己不喜欢的事情。

◎真正的精神极简是超越物质的追求，打开人生的格局，力求在人生的价值与使命上下足功夫，更好地去实现生命的意义。

◎人做事情的动力有三种：理想、兴趣、压力。理想是核心动力，兴趣是直接动力，压力是外在动力。

◎许多人碌碌无为的根本原因，一是不具备选择做正确事情的思维能力，二是不具备把事情做正确的实践能力。只有具备正确的思维能力和实践能力，才能真正把事情做成。

◎如果不具备与高手同频共振的能力，就永远不可能与高手同行。

◎做事贵在坚持，日日进取。任何微小的进步，随着时间的积累，都会扩大人与人之间的差距。

◎凡事无常，懂得无常是常态，就不会执着与纠结，就会简单且快乐。

◎人生三乐，即与己和谐，实现自乐；与人和谐，实现人乐；与天和谐，实现天乐。

◎当你悟出一些道理，津津乐道地给别人讲的时候，他们或者漫不经心，或者满脸疑惑。道理的获得，不是听别人讲而获得的，是由自己内心感悟而获得的。

◎在人生道路上，你成为什么样的人，就会遇到什么样的人。

道义

道，乃规律；义，乃时宜。不是符合规律的事情都能马上去做，做了就一定能够成功，因为如果不符合时宜，没有形成共识，做了也不会成功。所以，我们做任何事情，都要站在道义的制高点上进行思考与决策。

☞**随笔**

◎能够让自己灵魂不断上升的事情，就是有意义的事情；能够影响和改变别人，并能促进别人灵魂不断上升的事情，就是有价值的事情。

◎每个人在生命成长的关键时刻，都离不开让自己成长少走弯路的领路人，因此，每个人都应该感恩自己生命中的领路人。

◎一个人的心灵模式、情感模式、思维模式，共同影响他的行为模式。

◎这世上所有的事情都是有成本的，你为不值得的事情浪费时间，必然会错过其他值得的事情。

◎人生中幸运的是你遇到一个人，他能提升你的心灵境界，把你带到更高的格局，为你打开一片更加广阔的天地。

◎每个人都不可能远离世俗孤立地存在，人的使命就是在世俗中活出真正的自我。

◎如果环境适宜，就向上生长；如果环境恶劣，就向下扎根。一定要坚信，春天早晚是要来临的。

◎把自己当作世界的人，会因狭隘而烦恼；把世界当作自己的人，会因宏大而快乐。

◎不要贪恋眼前小溪的美丽，也不要迷恋面前大河的风光，再往前走，就是宽广无边的大海。

◎你该走的路，别人或许可以替你走，但无法替你感受，缺少了这一段心路历程，你即使再成功，精神的田地里依然存在一块荒芜。

◎被人误解时，不要花过多时间去辩白。试图扭转别人的评判，不如保持沉默，多给他人一点时间和空间去了解。

◎人最大的烦恼，就是明明知道凡事无常，却苦苦追求永恒。

◎人生有许多门槛，找到"门"需要智慧，越过"槛"需要能力。成功就是有智慧和能力越过一道道门槛。

◎人们走不出平庸的原因是遇到不如意的事情时，总是试图改变结果，而不去改变原因，更不愿改变思维。

◎人与人之间的交往，不一定是三观相同才能心灵相通，还需要有包容心。有包容心，才能产生大格局和心灵的力量，才能让心与心相通。

◎在点亮自己的灯之前，请不要吹灭其他人的灯。

◎路走多了才有资格回头感悟，每一段路都是修炼心智的过程，都会让自己不断变得坚强与清醒，知道应该追求什么、放弃什么。如果没有走过这些路，又何谈取舍。

◎最高境界的付出，就是把付出本身当作快乐。如果你的付出是为了回报，那么这种付出很可能成为对方的精神压力，你也会因得不到回报而失去快乐。

◎不要怕路途的艰难与艰辛，越是难走的路就越能磨炼人的心智，不是谁都有资格走最难的路。

◎人们往往用挑剔的眼光看周围熟悉的人，用欣赏的眼光看远处陌生的人，从而失去许多向身边人学习的机会。

看透

看透并非消极，而是以更加积极的态度对待人生。人应在超越世俗的洒脱中积极进取，尽全力做人生最有价值的事情，并能够在遭受挫折时用一种超脱的心态来对待。

随笔

◎人生的高度并非取决于看清多少事情，而取决于看轻多少事情。人生的宽度并非取决于认识多少人，而取决于包容多少人。

◎只有"放下"才能达到更高的境界。放下虚荣，才能收获尊严；放下盲从，才能收获智慧；放下纷争，才能收获成熟。

◎人生两件难事：一是做到知足，知足者常乐；二是找到知己，人生得一知己足矣。

◎世界上有两种人活得很累：一种是活在别人眼里的人，另一种是活在自己情绪里的人。如果这两者兼而有之，就是一个不幸的人。

◎尽心尽力地去做事，如果还有人不满意，就要进一步反躬自省，是否还有不尽如人意之处；如果符合良知，就不要在意个别人的态度。

◎人生的遗憾有两种：一种是因为缺少而遗憾，另一种是因为多余而遗憾。敢于放弃现实中多余的拥有，会让心灵上升到一个新境界。

◎人生所有的经历都有意义，你经历过多大的考验，就会有多大的成长，也就会有多大的担当与成就。

◎自律，并不是作茧自缚，而是不断突破自我。

◎只有心定，才不会活在别人的眼里，也不会活在自己的情绪里。

◎不要总是埋怨平台太小，而应该反思一下，在现有的平台上，你是否比别人做得更优秀。

◎一个人成熟的标志，就是由向外求转为向内求，即由怨天尤人转为反求诸己。

◎从做事的出发点上去观察一个人内心的动机，从做事的方法上去观察一个人做事的能力，从对结果的关注度上去观察一个人对名利的态度。

◎过分关注结果，思想上就会背上包袱，从而降低对过程的关注度，导致最后的结果往往与期待相差甚远。

诚信

诚，即诚实，不欺骗自己，守住良知；信，即守信，不欺骗别人，从良知出发为人处世。

随笔

◎足迹有多远，心就有多宽，思想就有多深邃。如果没有机会多走，就在书中不断"远行"。实践，是身体带着心走；读书，是心带着身体走。

◎追求卓越，不是超越别人，而是不断超越自我。

◎不要抱怨别人不理解自己，应该反问自己能理解别人多少。

◎不要过分计较得与失。你具备了获得的条件，自然会得到；失去了获得的条件，自然会失去。得失都应该顺其自然。

◎如果不去接触新事物，总是习惯于自己的思维方式，并且固执己见，就会不知不觉地困在自己的小圈子内。

◎如果能做到学而忘食、乐而忘忧、修而忘老，便能成为幸福快乐的人。

◎现实中，有许多有知识的聪明人，往往碌碌无为。因为有知识的聪明人，不一定有智慧。聪明与智慧的根本区别在于格局不同。

◎人为善，福虽未至，祸已远离；人为恶，祸虽未至，福已远离。行善之人，如春园之草，不见其长，日有所增；作恶之人，如磨刀之石，不见其损，日有所亏。

◎人生的三个根本问题，即我是谁，我在哪，我要到哪里去。弄清这三个问题，可谓知天命，才能活得通透、自在、快乐、幸福。

◎人不可能远离世俗而孤立存在，但每个人要尽量做到在世俗中活得不庸俗。

◎健康的两大要素：一是让身体动起来，二是让内心静下来。

◎真正的成熟，不是走向复杂与世故，而是抵达极简与天真。

◎清净自正，智慧自生。人心躁动，如一碗浊水，越晃动越浑浊，从而看不清事情的走势，感知不到变化的规律，观察不到时机的变动。

◎有仁爱之心者，才能以情感人；有智慧之心者，才能以理服人；有敬畏之心者，才能依法办事。

◎对于个人而言，精神的高度决定幸福指数。无论有多少财富、有多高地位，如果精神处在底层，都不可能获得真正的幸福。

◎人生，就是在相对价值的现实生活中寻找绝对价值，在相对真理的现实世界里寻找绝对真理。

◎人们往往喜欢追逐外在的、自己无法掌控的东西，而不愿意追求内在的、自己能够掌控的东西。追求外在的物欲，就会不断扩张自己的物欲，往往因求之不得而痛苦。追求内在的精神提升，就会不断明心明德，因精神富有而幸福。

◎如果你的内在心性和外在能力都没有提升，就去追求名利，那么名利就会成为你成长的障碍。

◎努力就像射箭，梦想就像箭靶子。如果找不到箭靶子，那么拉弓还有什么意义。

◎生命状态是由心灵结构决定的，只有改变心灵结构，才能改变现有的生命状态。因此，一次次心灵结构的重建，就会带来一次次生命状态的改变。

◎人生如梦，做美梦的人不想醒，做噩梦的人醒不了。一旦自我觉醒，就会淡定自如、笑对人生。

◎"吾性自足"告诉我们四个道理：一是不要妄自菲薄，因为天道赋予每个人同样美好的内在；二是不要妄自尊大，因为你内在的东西不比任何人的多；三是不要好为人师，因为所有的觉悟都依靠内醒，教育只能帮助和促进别人自我觉醒；四是不要怨天尤人，一切力量和方法都在自己的心中，如果向外寻求，就是背道而驰。

◎只有不断提升思维的维度,才能不断改变人生的长度、宽度和高度,实现生命质量的提升与超越。时间不是一个独立的概念,它实质上也是空间的概念。时间的长短取决于人的感觉,有的时候感觉度日如年,有的时候感觉弹指一挥间。

◎没有经历谈不上阅历,但经历不等于阅历。行万里路,却没有自己的思考和感悟,那也是徒劳。

◎过度抱怨,就是折磨自己。过度敏感,就是刁难自己。过度纠缠,就是伤害自己。

◎人生意义就是让自己的心灵不断提升,让自己的心灵在高维的阶梯上拥有高维能量。人生价值就是把自己心灵的能量,投射在波澜壮阔的人生实践中,让周围的人接收到你的能量。

◎如果不想被平庸淹没,就必须挑战自己的极限,敢于做自己没有做过的大事、难事。

◎世界上最具穿透力的就是真情,它可以穿透时间、穿透空间,给你提供强大的人生动力,让你在人生的道路上永不疲惫。

◎现实中每个人都会遭受到"两支箭"的攻击:第一支箭是外界射向你的,它就是我们经常遇到的困难和挫折本身;第二支箭是自己射向自己的,它就是因困难和挫折而产生的负面情绪。第一支箭对我们的伤害并不大,仅仅是外伤而已;第二支箭则会深入内心,造成内伤,越是挣扎,越是想摆脱它的困扰,这支箭就会在我们的心中陷得越深。

积极心态

把差距变成提升空间,把挑战变成机遇,把压力变成动力,把竞争变成共赢,把批评变成鞭策,把劣势变成优势。

随笔

◎真知即行,知道做不到,等于不知道。没有真知就没有真行。没有真知的行,就是盲目没有方向的行。

◎容易走的都是下坡路。如果你感到困难,是因为你正在走上坡路，坚持住，走过去，就一定会有进步。

心灵，思维，行为

思维方式是人心灵的外在体现，行为方式是人思维方式的外在体现，要想改变一个人，最根本的是改变他的心灵。

◎当崇高的理想在现实中到处碰壁，甚至被弄得头破血流时，你还一如既往、不忘初心，这就叫信仰坚定。

第二篇
一切从心出发

心,主宰我们的视听言动,是我们世界观、人生观、价值观的内核。有什么样的心,就会有什么样的思维和认知,就会有什么样的行动,也就会有什么样的结果。

教育即人学,人学即心学。教育如果从"脑学"走向"心学",一切谜团和困惑就会迎刃而解,就会有拨开云雾见青天的感觉,教育理论和实践才能有实质性突破。心明了、脑聪了,才能真正按照人的发展规律做事,达到事半功倍的效果。

"心学"并不是"心理学"。心理学是一门具体的科学,是一门战术学。心学则属于哲学范畴,是一门战略学,它告诉我们如何让自己的内心变得光明和强大。只有懂得心学,才能做到大道至简。

教育工作者只有在心上用功、在事上磨炼,才能让自己明心见性,让自己的教育行动符合教育规律,从而达到事半功倍的效果。

人学即心学

教育即人学,人学即心学。

> **随笔**
>
> ◎一些内心空虚的人,总是喜欢在内心充实而外表低调的人面前高调炫耀,而每一次炫耀都进一步暴露了他们的空虚。
>
> ◎一个人如果心坏了,那么他的头脑越聪明,给社会造成的危害就越大。
>
> ◎一切从"心"出发:你的心健康,身体就健康;你的心正确,得到的就是正能量;你的心有力量,脚步就一定坚定。
>
> ◎用心养花,花花皆是芬芳;用心烧菜,菜菜皆是美味;用心做人,人人皆是好人;用心交友,友友皆是贵人;用心爱人,人人皆是亲人;用心做事,事事皆是好事。
>
> ◎外面的阳光再明媚,也不一定能够照亮你的内心,只有自己心中有太阳,内心才能永远是光明的。
>
> ◎简单的人,内心纯真,直来直往无须修饰,从不需要张牙舞爪,也不需要炫耀显摆,从头到脚流畅、简洁,由内到外儒雅、尊贵。

境:敬、静、净、镜

修炼内心达到一定的境界,就能做到敬(大爱之心)、静(淡定自若)、净(心无杂念)、镜(阳光自信)。

> **随笔**
>
> ◎心在焉,道就在焉;心不在焉,道亦不在焉。
>
> ◎不把自己看得太重,是一种修养、一种风度、一种高尚的境界、一种达观的处世姿态,是心态上的一种成熟、心志上的一种淡泊。用这种心态做人,可以使自己更健康、更大度;用这种心态做事,可以使生

活更轻松、更踏实；用这种心态处世，可以使社会更和谐、更安定。

◎事情不论大小，其本身都不会伤害你，真正伤害你的是自己的想法和心态。因此，改变想法和心态，才能改变自己的感受。

◎要想除掉旷野里的杂草，只有一种方法，那就是种上庄稼。要想心灵不荒芜，唯一的方法就是修养自己的品德。

成为自己希望的样子

希望自己是什么样子，就可能会成为什么样子，这是秘密法则。

随笔

◎心无所求，便不受万象牵绊。心无牵绊，坐也从容、行也从容，故生优雅。

◎光心动不行动，等于不懂。在行动中心动，在心动中行动，知行合一，方可成功。

◎只要内心丰富而强大，就没有适应不了的环境，也没有破解不了的难题。

◎如果你的心里充满阳光和爱，就总能与美好相遇；如果你的心里阴云密布，就总会与丑恶相遇。

◎不要企图改变别人，因为每个人的真正改变，都是自己内心的改变，任何外界的原因都是外因和条件，自己的内心才是内因。所以你不可能改变别人，只能影响别人。

◎相由心生，改变内在，便会改变容颜。一颗阴暗的心托不起一张灿烂的脸。有爱心必有和气，有和气必有愉色，有愉色必有婉容。

◎心智不成熟的重要表现是渴望得到别人的认可，心智不成熟的根源是没有自己的价值观。

◎如果改变不了客观现实，就去改变主观世界，面对现实，要不忘初心，寻求新的突破。

◎心若向阳，便会处处花开。

◎心量有多大，心就有多静。心有多静，福就有多深。心最深的宁静，来自最宽广的胸怀。福深福浅，不在于能笑着迎来多少，而在于能看淡失去多少。

心与位

当你的心比位高的时候，你就会不断努力、不断追求；当你的心比位低的时候，你就会小富即安、裹足不前。

☞随笔

◎人的内心本来像明镜一样，什么也没有，当客观事物出现在它面前的时候，它就会如实地反映客观事物。但现实中，内心为什么不能客观反映现实？原因是私欲和功利让镜子蒙尘了。因此，修心就如磨镜，让心明亮起来，看清一切事物。

◎只要忠于本心，一切从良知出发，听从内心的召唤，做好自己，就会看到人生路上的美丽风景，享受到人生的快乐与幸福。

◎心明才能眼亮，只有心明，眼睛才能看到事物的真实面目。明心才能见性，只有心明，才能发现事物的发展规律。心想才能事成，只有一心一意做事情，才能获得成功。

眼界与心界

学习与实践领域的不断拓展，能使眼界大开，并最终转化为心界大开。心界宽了、心力增强了，行动才能有力量。

☞随笔

◎如果一个人能够专注某件事，身心就会处于一种十分和谐、安稳的状态，很容易感受到一种超然舒缓的喜悦感。

◎有重量不等于有力量，真正的力量来自文化和信仰，即精神的强大才是真正的强大。

外与内

外在的获得，也许使你活得风光，但内在觉醒所得到的心灵收获，会让你活得更有意义。

三心

心外无物，心外无事，心外无理。这是心学的重要命题，就是要大其心，让自己的主观世界与万事万物连接起来，关心天下之事，让自己的心明亮起来，做到明心见性、向内求，而不是怨天尤人、向外求。

一通百通

心是人之本体，心通了，思想就通了，观念就通了，行动就通了。通透地想问题、办事情，幸福感油然而生。

> 随笔
> ◎人之本在心，心之本在良知。良知是人性之本、德性之本、理性之本。每个人都需要通过实践呼唤本心，让良知归位，通过实践自然展现良知，这就是致良知，也就是知行合一。

真知

本心的实质就是良知，良知与天道一致，即天人合一。良知就是真知，真知就是真行，即知行合一。

知

知，可分为真知与假知。合乎天道、从本心出发的知，便是真知。不合乎天道、违背本心的知，便是假知。我们所说的知行合一，是指真知真行。

心、脑、体

人的良知是客观存在的，不会泯灭，但可以被遮蔽。大脑与本心相连，同时与血肉之躯相连。大脑一方面要听从本心的召唤，另一方面受凡胎肉体的召唤。当大脑偏离本心，被凡胎肉体制约的时候，私欲就会膨胀，本心就会被遮蔽。当这种遮蔽导致本心一点光亮也没有的时候，就会导致良心泯灭。

> 随笔
> ◎改变心境就能改变环境，心境是每个人成长与成功的最大环境。
> ◎有良知方能强良能，有良能方能有良行。
> ◎自己心中有太阳，才能照亮别人的心灵。
> ◎任何行动上的差距，归根结底都是思想和观念上的差距。
> ◎心如果明亮了，思想就明白了，行动就明确了，效果就明显了。

淡定与从容

人人都渴望生命的波澜壮阔，并强烈期盼外界的认可。其实当你真正走过一段生命历程后才会发现，人生最美妙的风景是内心的淡定与从容。

宁静

内心宁静，因淡泊而不受诱惑，因凝神而思远，因镇定而从容，因智慧而常在。静，不是单纯的平静，而是人生沉淀在灵魂深处的智慧，是人生最美的状态。

> 随笔
> ◎爱是心灵的指南针，让人永远不迷失。
> ◎找到本心，唤醒初心，不畏艰辛，推陈出新。

本心光明

让自己的内心光明，带给周围的人正能量，从而激发周围的人的正能量。

> **随笔**
>
> ◎本心光明，照亮自己，照亮别人，照亮世界；本心光明，温暖自己，温暖别人，温暖世界；本心光明，不乱于心，不困于情，不缠于物。
> ◎圣人之心如明镜，只是一个明，则随感而应、无物不照。未有已往之形尚在，未照之形先具者。

善的最高境界

爱的外在表现就是善，善不是施舍，而是引路。施舍让被爱者有失尊严，引路却把被爱者引向光明。

> **随笔**
>
> ◎生活在波澜壮阔的伟大时代，投入波澜壮阔的伟大事业，做到宠辱不惊，必修其伟大而光明之心。
> ◎心明则知"道"，用"道"读事物，凡事都如一层纸，一通百通。不懂"道"，只懂术，读不同的事物，就如隔着一座山。

反锁的心门如何打开

心门反锁着，别人在外面无法打开。通常，人们在自己有限的空间里，只关注自己的一亩三分地，不知道外面还有万亩良田。不打开心门，是因为不知道外面有美好的景色，更不知道打开心门的钥匙就在自己的口袋里。要打开别人的心门，你只能向他们描述万亩良田的美好景象，激发他们打开心门的欲望，然后告诉他，你的口袋里有一把打开心门的钥匙。等他们打开心门，就会看见外面万亩良田的美好景象。

致良知

教育工作者的良知就是全心全意为学生成长与发展服务。通过致良知，让自己的心灵品质得到提升，让学生获得适应自身和社会发展所需要的核心素养。

> **随笔**
>
> ◎唤醒内心良知，让本心光明，才能致良知。致良知于人，唤醒他人良知，让人得其正。致良知于事，把事做正确，让事得其正。

洗心

每个人的心，原本晶莹剔透、光明无瑕，但由于追逐功利与私欲，逐渐遮蔽了本心，使人走向堕落。因此，要时时刻刻处处磨炼本心，用良知洗刷内心，让本心永远光明。

定

意动而心定，体动而心定。动亦定，静亦定，要不忘初心，致良知于万事万物，使万事万物各得其正。

> **随笔**
>
> ◎追逐名声与利益，会让一个人的灵魂不断走向平庸。追求内心光明与致良知的能力，是一个人心灵不断提升的绿色通道。
>
> ◎要在心灵深处建设自己的心灵大厦，提升自己的心灵品质，从而获得真正的幸福。

仁者见仁，智者见智

如果自身没有大爱的仁者之心，何以见仁？如果自身没有高深的智慧，何以见智？

> **☞ 随笔**
>
> ◎用脑袋记住的是知识，用心感悟的是智慧，智慧永远比知识更具有能量。教师最重要的就是向学生传递能量，而不只是传授知识。
>
> ◎万物各有规律，不要追逐外界的风景，而要关注自己内心的风景。
>
> ◎学懂才能弄通，弄通才能入心，入心才能体认，体认才能践行。
>
> ◎心之主宰便是心，心之所发便是意，意之本体便是知，意之所在便是物。
>
> ◎真正的成功是以健全的心灵品质依道而行、达到目标，同时拥有幸福、自在乃至圆满觉悟的人生。
>
> ◎人忙源于心忙。忙的本质，是心乱；心乱的缘由，则是心浮。这就是所谓浮躁。

率性而为

"率性之谓道"，"性"即"道"，"道"即"良知"。率性乃依道而行、依良知而行，绝非依自己情绪上的喜怒哀乐或外界的毁誉得失任性而为。

> **☞ 随笔**
>
> ◎拥抱伟大的时代，与天道和人道同频共振，方能觉悟幸福人生的真谛。
>
> ◎从心发出的是战略，从脑发出的是战术。
>
> ◎明心和净心是提升心灵品质的根本路径。心是道的源泉，道是德的根本。提升心灵品质，道的层面随之提升，仁爱、智慧、胸怀和能量也会随之提升，进而拥有成就伟大事业的基础。
>
> ◎拥抱伟大时代，牵手古今圣贤，与时代同行、与天道同频、与人道共振，追求本心光明，实现知行合一。
>
> ◎一个人过多地关注负面事物，就会把负面因素留在自己的心里，甚至深深地刻印在潜意识中。

每一个念头都是一粒种子

每一个人的心灵深处,都有万亩良田,播下一粒种子,就会有一分收获,可谓种瓜得瓜、种豆得豆。播下一个善念,就会收获一颗爱的果实;播下一个恶念,就会收获一颗恶果。

格物致知

除去心中之物欲,达致本心之良知。

◎快乐很简单,就是时刻听从自己内心良知的召唤。

差 距

人与人之间的差距,往往不是智力上的差距造成的,而是心理上的差距造成的,是心力和行动力的差距造成的。但由于在这个问题上存在严重的认知误区,所以导致人们对自身信心不足,进一步加大这种差距。提升心力和行动力,是缩小差距的治本之策。

◎如果一心想做好一件事情,就会想方设法找到方法,别人告诉你再好的方法也无济于事。想做,心就有能量;有了能量,就会心生万法。

道与德

天道在人的层面表现为"德",凡是符合天道的行为就是美德。

德与礼

德是内在的涵养,礼是德的外在体现。德礼本一,内为德、外为礼。

心商

决定一个人能否成功的是智商和情商,决定智商和情商的是心商。心商就是维持心理健康、缓解心理压力、保持良好心理状况和活力的能力。

> **随笔**
> ◎心明了,才能真正见到自己的本心,才能见到真实的世界。

心态

心态是心灵的窗口,决定我们看到怎样的世界。心里有阳光,雨天也是一种浪漫;心里下着雨,晴天也是一种遭罪。

> **随笔**
> ◎立大志,就是不断提升自己的心灵品质,不断提升自己的眼界、胸怀、格局和能量,这是人生最大的战略。有了强大的能量,才能做一个有益于社会的人。
> ◎我们的思想往往被禁锢在牢笼中,打破一个个牢笼,就会让思想看到新的阳光;拒绝改变,就会使思想永远活在有限的世界里。

达到与达道

"达到"即到达之意,就是实现了目标。"达道"即通达"天理"之意,也就是知"天命"。

为己

为己就是让自己的本心光明、达致良知，提升自己的心灵品质。为己方能克己，克己就是摒除物欲。

觉悟与幸福

只有觉悟，才能不断提高自己的心灵品质、强大自己的内心。要依道而行，并通过自己的能量，唤醒他人的觉悟，提升他人的心灵品质，改变他人的生命状态，共同获得幸福圆满的人生。

> ☞ 随笔
>
> ◎能够不断提升自己的心灵品质、改变自己的生命状态，是有价值的事。能够提升他人的心灵品质，改变他人的生命状态，是有意义的事。教育是有价值和有意义的事，教育工作者要不断提升自己的心灵品质，并用自己的心灵品质唤醒学生的心灵品质，改变学生的生命状态。

知行合一

知，就是正确的念头，即良知。行，就是行动，既包括身体力行，也包括思想意念的流动。因此，知是行之始，行是知之成。

心即理

同样一件事情，不同的观察者，为什么得出不同的结论？原因很简单，内心不同，这就是心即理。

> ☞ 随笔
>
> ◎如果一个人的心智模式出现问题，那么他的思想意识和行为也会

出现偏差。
◎ "德者，性之端也。"遵循本性，也就是心地纯正，即"德"。
◎ 心灵品质的提升是无止境的，它不会随着身体的衰老而停止，更不会因年龄的增长而下降。

生命源泉

每个人的内心深处都有永不枯竭的生命源泉，其开发的权力和闸门的钥匙就在自己手里，由自己决定让它成为小溪还是大江大河。

☞ 随笔
◎ 人人心中都有一杆秤，这杆秤就是自己的良知，让秤不偏不倚，就是坚守良知。

修心

心不大，就会有烦恼；心不平，就会有错觉；心不亮，就会有阴影；心不净，就难辨是非；心不静，就难以致远。修心，就是通过心大、心平、心亮、心净、心静，最终达到心明。

☞ 随笔
◎ 大其心，容天下之物；虚其心，爱天下之善；平其心，论天下之事；潜其心，观天下之理；定其心，应天下之变。
◎ 明心见性，心明了，才能让自己的良知本心呈现出来，才能认识到周围事物的本性。

体认，体察，体现

体认天理，体察内省，体现良知。天人合一，身心合一，知行合一，万物一体，世界大同，建立人类命运共同体。

中正与平和

中正就是不偏不倚,平和就是心平气和。内心中正,外在才能平和。中正是平和的根,平和是中正的外在表现。

心澄则静

只要心中澄明宁静,喧嚣之地也有静寂平安。

> ◎当一个人的内心充满垃圾时,美好的事物就很难进入其中。只有倒掉心中的垃圾,内心才能有空间存放美好的事物。

回归

人只有回归本心,做事才能回归本真。一切真正的回归,其实都是心灵的回归。

新与心

创新的实质是本心的回归,是内心不断体认规律的过程。

心如明镜

物来顺应,未来不迎,一尘不染,过而不留。

心外无物

心广如天：容天下之物，爱天下之善，论天下之事，观天下之理，应天下之变。

天人合一

科学构建自己的心灵世界，让自己心灵的内在秩序与客观世界秩序保持一致，才能和自己以外的万事万物建立一种真正的内在联系，达到天人合一的境界。

脾气

随便发脾气是本能，克制自己发脾气是本事，没有脾气是本心。

心志事

心不正，天下无可立之志；志不立，天下无可成之事。

心与一

万事万物统一于人心，人心归于天理，就会万物一体、世界大同，形成人类命运共同体。一切反求诸己，让人心归一，让世界和谐，形成一体。

☞ 随笔

◎心明方能感知天道，因势而谋、因势而动、因势而行，当行则行，当止则止。

观照

观,是向内观心,让本心光明;照,是用心的光明照心外的事物。

> **☞ 随笔**
>
> ◎许多问题,如果你心里把它当成问题,它就真是问题;如果你根本就没把它当成问题,它也许就不是问题。
>
> ◎不要总是苛求外部环境有多么完美,而是要坚持建设自己的内心世界,这是人生的大智慧。

人生的最大战略

人生的最大战略是建设心灵品质。心决定道,道决定德,德决定事。在心上用功,是最根本、最直接、最有效的修身战略。心好一切好,心平一切平。

平庸与卓越

当一个人内心的"小我"升起的时候,不论他头上有多少耀眼的光环,都必将走向平庸,这就是现实中"优秀"的平庸。当一个人内心的"大我"升起的时候,即使他是一个极其普通的人,也开始走向卓越,这就是现实中"普通"的卓越。

高处相见

当我们的心灵没有达到一定高度的时候,就不懂那些高屋建瓴的见解,唯一的办法就是不断提升自己的心灵高度,因为只有在高处才能领悟高见。

心灵品质决定人的品位

人和人最本质的区别既不在于学历的高低,也不在于性格的差别,而在于心灵品质的不同。

☞ 随 笔

◎面向阳光,阴影就在身后;背向阳光,阴影就在眼前。

距离

人与人之间的距离,不在于空间的远近和时间的长短,而是取决于心灵的距离。如果心灵相通,就会跨越时间和空间,同频共振、心心相印。如果心灵不通,虽近在咫尺,也如远在天边。

☞ 随 笔

◎成功的人不一定是最聪明的人,但一定是心灵强大的人。心强而后定,定后而生慧,智慧是取得成功的必然因素。

诚

诚者,天之道也;诚之者,人之道也。诚实是天道的法则,也是天道的本质。人道本于天道,诚实也是人道的法则,是做人的根本。

☞ 随 笔

◎经历磨难后,人的内心也许变得更强大,也许变得更脆弱。现实中的一些人,如果磨难在他们幼小的心灵中留下阴影,长大后就有可能成为他们儿时最仇恨的那种人。因此,每个人的成长现状,都会或多或少折射出其成长的轨迹。

◎如何在动荡中做不动荡的自己?这就需要守住自己的良知,只要初心不改，动荡就只能激发你的进取精神。

◎最美的风景不在远方，而在自己的心上。

◎人与人之间，只有心通了，才能同情、同理、同行。

◎孟子有言："学问之道无他，求其放心而已矣。"这里的"放心"，指的是失去了本心。这句话的意思是学问之道没有别的什么，不过就是把那失去了的本心找回来罢了。现在有多少人还能和自己的本心在一起？找回本心、回归本心，就是修心，这是人生的大学问。

◎只有以自己内心简单不变的真应对外界瞬息万变的假，才能获得内心的自由与快乐。

◎你对外在世界的感受，是你内心观念的呈现。只要自己的内心和谐，你所看到的外在世界就是美好的。

心是人之根本

心乃人之根本，修心就是培根，根深才能叶茂。

随笔

◎若心随着万物所动，世间万物都是飘摇不定的；若心中自有定数，则外物如何变幻都不会影响到自己。

◎心胸有多大，舞台就有多大。

◎心存大善的人，才能产生大智慧、成就大事业。自私自利的人，只能玩小聪明，既不可能有宽广的视野，也不可能顺应天道，更不可能成就伟业。

◎心悦则物美，心悲则事哀。如果内心没有快乐，你就不可能从外在的世界中找到快乐；如果内心充满快乐，外在世界就会让你悠然自在。

◎人所看到的都是自己内心的投射。内心光明的人，总能看到外界的亮点，亮点反射到内心，让自己的内心更加光明；内心阴暗的人，总能看到外界的阴影，阴影透射到内心，让自己的内心更加阴暗。

◎内心强大的人从来不抱怨别人，不抱怨环境，不抱怨自己。他们情绪平和、初心不变，顺势而谋、借势而动。

◎身心疲惫是心力不足造成的，如果能够不断提升自己的心力，就会有使不完的力量。

见微知著

透过微小的现象，能看到事物的本质。一个人所关注的内容，就折射出他的内心世界。

随笔

◎如果想让学生登山，不要急于教给他们登山的技巧，重要的是激发他们向往"一览众山小"的美好境界；如果想让学生造船，不要急于教给他们造船的技巧，重要的是激发他们对大海美好的向往。一个人如果明白了为什么这样做，自然就会主动寻找方法，这就是心灵强大便能心生万法。

◎让内心和谐、内心与外界和谐，是一个人一生需要修行的。一个人毕生所求的，不过是内心的从容和安宁。

◎人的思想的产生是心与脑共同作用的结果，思想方式也称心智模式。心主宰世界观、人生观和价值观，脑主宰思维方法，两者结合才能产生思想。

◎每个人的内心都是上了锁的大门，即使再有力量，拿着再粗的铁棒，也不可能撬开别人的心门。只有把自己的真情变成一把细腻的钥匙，才能进入别人的心中，打开别人的心门。

◎凡是不断关注内心，并让自己的灵魂不断净化与提升的人，总能得到快乐和幸福。凡是不断关注外界，并被名利所牵绊的人，总是与快乐和幸福无缘。

◎只有从内心发出来的东西对自己才有用，别人的指点即使是对的，如果自己没有体悟到，也不会真正起作用。

◎心乱，不是因为心中的事情太多，而是因为心里装不下那么多事情。

◎所谓放不下，就是自己心胸不够，没有地方放，但又不舍得放弃。

◎越是心中装有大事的人，外表越显得平静如水；越是外表浮躁的人，心中就越无大事。

◎一切技巧都是内心能量的外在呈现，都来自强大的内心，心灵强大，心生万法。

◎如果心不明，就会患得患失，使自己判断是非曲直的能力降低，从而失去许多成长的机会。

◎心灵富有才是真正的富有。若囿于物质欲望，即使拥有再多，也会觉得不够，这就是贫穷；反之，物质生活清贫，并不影响心灵的充实，知足而能自在付出，就是真正的富有。

◎如果你的精神状态和心理素质改变了、提高了，那么你对世界的看法就和别人不一样，你就会看到更广阔的领域、领悟到更深刻的奥秘。

◎如果能用苛求和责备别人的心来要求和反省自己，能用宽恕和体谅自己的心去宽容和体谅别人，那么自己就会不断成长，并且变得越来越快乐。

◎生活从来没有变得轻松，而是你的心灵变得强大了；生活也从来没有变得沉重，而是你的心灵变得脆弱了。

◎忘掉物欲，是第一层次；忘掉自我，是第二层次；物我两忘，才是良知呈现的最高层次。

◎在内心深处克制私欲后的行动，就是符合天道的随心所欲。

◎道理说起来容易，明白道理也不难，难的是内心体认与真正做到。因此，知易行难。

◎简单的心一旦变得复杂，就会失去光明，欢乐和幸福就会离得越来越远。

◎内心强大的人脾气往往都很小，待人和颜悦色，说话客气有礼貌；内心脆弱的人往往易燃易爆，别人无意间的一句话都有可能成为点燃他脾气的导火线。

◎你对别人的评价，跟别人没有丝毫关系，展露的是你自己的内心。同样，别人对你的评价，跟你也没有任何关系，展露的是别人的内心。

◎生活中，凡是你看着不顺眼的东西，都是自己内心不和谐的外在表现。

◎真正热爱生活的人，内心一定是光明的。内心的光芒照射在任何事物上都会呈现出光亮。

◎任何困难都不可怕，可怕的是不堪一击的心。

◎镜子清澈才能照真伪，眼睛明亮才能看事物，度量衡没有自重才能称轻重，心底无私才能辨善恶。

◎如果看不清事物，不要总去擦自己的眼睛，而要去澄明自己的内心，心明才能眼亮。

◎一个人如果在现实中总是很难发现真善美，那一定是他自己的内心缺少真善美。

◎不是想通的事情都能做到，想通靠的是正确的思维，做到靠的是良好的心性。科学思维来自学习与思考，良好的心性来自实践与磨炼。

◎如果总是在乎别人的评价，而不在乎自己内心的呼唤，最终只能活成自己讨厌的样子。

◎每个人的痛苦都是自己心灵的折射。该放下的能放下，就远离了痛苦；该放下的放不下，就成了负担，也就带来了痛苦。

◎如果一个人的内心是明亮的，就会超越世俗的眼光看到事物的真相；如果一个人的内心是混浊的，就会用世俗的眼光，使看见的东西都变得混浊。

◎人之所以难以认清自己，是因为真心被外物动荡所掩盖。波浪迭起时，无法看到水底；水清波静时，才能看到水底。

◎心随境转，身随心转。修炼内心，就是让内心驾驭外境，而不是心随境转。让内心始终保持定而不乱，行为就符合内在的良知。

◎人心就像一个容器，时间久了就会有偏见与私欲等"垃圾"，只有定期倒掉这些"垃圾"，才能活得洒脱自在。

◎世界是客观的，但每个人都用自己的心智模式去解读这个世界，看到的都是自己的世界。因此，你的心是什么样的，看到的世界就是什么样的。

◎人生所有的痛苦都不是痛苦本身，而是面对人生问题的看不穿、想不通，根本原因就是心量太小、格局不够。

◎修心求定，心不逐物，不为物役，物来则应，物去不留。

◎良知，不仅是人内心的一种伟大的力量，而且是一切伟大动力的根本源泉。

◎内心强大的人只需自我认同，便能够享受到独处的快乐；内心脆弱的人渴求外界的认同，远离人群便觉得孤独。

◎自诚明，谓之性；自明诚，谓之教。由秉性真诚而明悟了天理，叫作天性；由明白天理而内心真诚，叫作教化。

◎修炼强大内心的有效途径就是在事上磨炼。没有现实的磨炼，就不可能具有强大的内心。因此，磨心必须在事上磨炼。

◎不要试图通过改变外界和他人而改变自己的命运。其实，改变自己命运的唯一法门就是改变自己的内心世界。

◎身在高处，才能尽览极致风景；心在高处，才能收获别样人生。

心安理得

只有心安宁了，才能开启智慧，得到真理。如果心不安宁，即使你自己认为得到了真理，但肯定不是人生的真谛。

随笔

◎大自然本无善恶，一切顺其自然。但每个人都会从自己的角度出发，去判断善恶是非。同样是下雨，久旱盼雨的农民会欢欣鼓舞，未带伞的行人则会心生厌烦。老天尚不能令每个人满意，何况普通人。因此，凡事不求尽善尽美，只求不违背良知。

心与事

有的人，好心做成了好事；有的人，好心却没做成好事。有的人，坏心做成了坏事；有的人，坏心却假装做了好事。

随笔

◎有良好的心态，才会有良好的状态，才能立于不败之地。因此，心态决定状态，状态决定成败。

◎心静才能听到万物的声音，心清才能看到万物的本质。

本心,本性,本质

只有拥有光明的本心,才能看清人的本性和事物的本质。

> ☞ 随笔
>
> ◎如果自己本心光明,就会感到开心,与人交往就会让别人放心。
> ◎心不明并不是不聪明,而是没有明心见性,找不到真正的自己和本真。

心有定力

如果人心有定力,就能自觉循天道而行,从而取得成功。

> ☞ 随笔
>
> ◎好心态:对过去释怀,对当下珍惜,对未来不忧。
> ◎沉默是一种智慧,独行是一种能力。此两者,都是心灵强大的具体表现。

心

心,是儒、释、道三家的核心概念,儒家讲"正心",佛家讲"明心",道家讲"清心",所谓修道就是修心。

> ☞ 随笔
>
> ◎有的东西,远距离才能看清;有的东西,近距离才能看清。想要远近都能看清,就要调整观察距离。如果你远近都能看清,说明你是一个内心有定力的智慧之人。
> ◎让自己静下来思考,达到本心光明;让自己不随意表达,语言蕴含能量;让自己行为达天道,致良知于事物。

第三篇
改变认知才能改变行动

行动是一个人内在认知的外在表现，有什么样的认知，就有什么样的行动，从而产生什么样的结果。实践上的差距，是由于在认知上存在犹疑和困惑，因此，改变认知才能改变行动。

从大量的社会实践中获得认知，并反复思考，才能得出正确的认知；再把自己的认知运用于社会实践，做到深知深行、正知正行、真知真行。

获得正确认知的过程，是深入实践的过程，是深入思考的过程，是不断否定错误认知的过程。因此，必须勇于否定错误，获得真知；必须随着实践的发展而不断更新观念，让认知不断接近现实和真理，从而改变我们的行动。

关于目标

在错误的道路上跑得越快，离目标就会越远。换言之，在错误的道路上停下来，就是前进。

度

人生不过一个字，那就是"度"。凡事有度，进退自如。这个字也许有些圆滑、世故、中庸，但世事纷繁、人生艰难，把握好"度"，才能成功。

> **随笔**
>
> ◎盲目的崇拜和无原则的迷信，都会使自己的思想和行为陷入泥潭。
> ◎否定自己不懂的东西就是无知，肯定自己不懂的东西就是盲从，无知和盲从都会偏离正确的方向。

对人的四种态度

一是总看到别人的缺点，怨天尤人，认为都是别人对不起自己，自己却从来都不想应该为别人做什么；二是根据自己的好恶评价别人，愿意为自己喜欢的人做事，而对自己不喜欢的人置之不理；三是虽然对周围的人有的喜欢、有的不喜欢，但不论自己是否喜欢他们，自己都真心地对待周围的人；四是总是能够找到别人的优点，发自内心地喜欢周围的人，并且真心实意地对待他们。

> **随笔**
>
> ◎能力可以有短板，在实践中要力争做到扬长避短。人格不能有短板，有了短板，就要通过修炼使短板变长，因为它会决定你人生的质量。
> ◎爱、真、实、新，是我们应该坚守的。爱，就是修炼自己的大爱情怀，深深地爱着自己周围的一切；真，就是崇尚真理、坚持真理、发展真理；实，就是说实话、办实事、求实效；新，就是与时俱进、推陈

出新、不断发展。

◎用不同的方法对事物进行分类，会有不同的价值：按照学术的角度分类，能让人体会到科学技术的价值；按照美学的角度分类，能让人感受到美的价值；按照人文思想的角度分类，能给人以人生的启迪。

◎认识不到位的原因往往有两方面：一方面是对问题的实质不了解，另一方面是对问题在全局中的战略地位不了解。

◎不要总是炫耀昨天的拥有，更不能抱怨今天的失去。

◎不认识自己的人，不可能清楚地认识别人和社会。要想提高自己的认识水平，先从认识自己开始。

◎好的思维如果依托科学的工具，也许会产生科学的思想。

◎功利主义者满眼都是功利，即使你做了功德的事情，他们照样用功利的眼光窥视你，用功利主义的标准评价你，甚至会找理由击垮你。所以，一定要记住，功利主义者的反对才能真正体现你功德的价值。

◎有的人总是津津乐道地用大量的时间做无用的事情，而真正有用的事情却没有时间去做。

◎原来认为千真万确的东西也许是错误的，原来认为错误的东西也许是千真万确的。只有通过实践，才能不断否定错误的东西，从而坚持正确的东西。

◎没有比发现真理更愉悦的事情，没有比实践真理更有价值的事情，没有比坚持真理更艰难的事情，没有比发展真理更幸福的事情。

◎有激情，伟业才能善始；有理智，壮举才能善终。

◎凡是不能推广的东西，都应该思考它的普适性和科学性。

◎出现问题时，如果还用制造问题的方法去解决问题，那肯定是无法解决的。

◎情感与思想是技术的"两翼"，不能承载情感和思想的技术没有任何意义。

◎千万不要指望不懂你的人支持你，千万不要轻易肯定或者否定那些自己不懂的东西。

◎把具有普适性的规律看成个性化的东西，就永远也找不到正确的道路；把个性化的东西看成普遍规律，在实践中就会到处碰壁。

◎一朵花，无论你看不看，它都要绽放。如果你愿意为它服务，可以给它提供阳光和水分,而不用天天关注它。如果你过分给它提供条件,也许它不能绽放或者提前枯萎。

◎激情是一种理智的疯狂,浮躁是急功近利的狂热。既不能把激情看作浮躁,也不能把消沉看作低调,更不能把烦躁看作激情。

放松

从前,一个不会游泳的人不慎跌进了池塘。他用四肢死命地划动并大声呼救,但越是挣扎,身体下沉得越快。到了最后,他放弃了挣扎,全身放松,结果竟浮了起来。我们在生活中也是如此,遇到事情越是紧张,越容易出错;越是放轻松,反而容易成功。

王

成王的答案就在"王"字中。"王"去掉中间一竖为"三",告诉你要成为王者必须知道三件事,即你是谁、你在哪儿、你要去哪儿。"王"去掉上面一横为"土",告诉你要守土有责、敢于担当;"王"去掉中间一横为"工",告诉你要脚踏实地、努力工作;"王"去掉下面一横为"干",告诉你要马上行动、干字当先。

随笔

◎千万不要从别人嘴里认识一个人。不怕遇见真坏人,就怕遇见假好人。

◎合作就是在尊重不同点的基础上,找到共同点,奔向共同的目标。

◎山不解释自己的高度,并不影响它耸立云端;海不解释自己的深度,并不影响它容纳百川;地不解释自己的厚度,但没有谁能取代它万物之本的地位。

换位思考

换位思考有两层意思：一是对人方面，把自己和对方的角色、地位换一个位置，就会找到正确的答案；二是对事物方面，把观察的角度变换一下，甚至是倒过来看，会得出不一样甚至相反的结论。

◎你处理情绪的速度，就是你迈向成功的速度。

◎让步并不等于退步，更与胆怯无关，它是尊重、人格、胸襟、涵养的体现。

◎信仰危机和道德滑坡直接导致信任危机，若人与人之间连最起码的信任都没有，还谈什么合作与共赢。

◎人为什么会做错事？应该用理智的时候，你却用了感情；应该用感情的时候，你却用了理智。

◎因为别人的评价，我们磨掉了多少棱角，丢掉了多少独一无二的性格。对别人评价在乎的时间越久，就越会分不清生命究竟是活给自己看，还是活给别人看。

◎工具只能改变我们行走的方式与速度，但不能改变我们行走的方向与目标。

◎每个人在找到正确的路之前，都会经历迷路，因此，不要怕迷路，怕的是你一生都在迷途当中。

◎不想做一件事，看到的都是困难；想做一件事，看到的都是方法。

用户思维

互联网是一个具有思维的工具，用户思维是它的核心思维：一切从用户需要出发，给用户提供足够的信息，满足用户需求。

◎不要执着于面子，爱面子的人，通常都没有什么面子。

◎不要随意评价别人，你知道的往往都是表面的东西，并不知道他经历的故事，更没有真正走进他的心灵。

◎水深则流缓，语迟则人贵。说，是一种能力；不说，是一种智慧。

◎促使我们变得越来越好的不是时间，也不是别人，而是我们自身不断反思和修正的才华、修养、品行。

◎人往往是在生病时才明白什么是健康，在倒霉时才知道谁是朋友，在失去时才知道什么是拥有，在临终时才知道名利是过眼云烟……如果你不是在这样的时刻知道了这些道理，就是聪明人。聪明人总是能够做出有智慧的选择，让自己的人生快乐幸福。

◎如果想得到与过去不同的结果，就必须做一些与过去不同的事情，而这些不同首先要体现在认知层面。

◎做人必须有四样东西：扬在脸上的自信，长在心底的善良，融进血里的骨气，刻进生命里的坚强。

◎没有激情什么也干不成，光有激情也什么都干不成，激情与智慧并行才能干成事情。

◎魄力不只是敢于拍板，而是拍板后的坚守。

◎把自己的思想变成行动，是一件很难的事情；把自己的思想变成别人的行动，是一件更难的事情。

◎真正的贫困是思想的贫困，成功永远与有力量的思想者同行。

◎智慧者过河前知深浅，聪明者过完河方知深浅，愚蠢者过完河也不知道深浅。

◎鸟之所以敢站在干枯的树枝上，不会害怕树枝断裂，是因为有能够飞翔的翅膀。

◎有目标的人始终在奔跑，没目标的人始终在流浪。

◎真理靠实践检验，而不是靠争论检验。想让别人相信你的主张，必须拿出实践的成果，而不是耗费精力去驳斥别人的批判。

◎年轻人所谓理性包含着许多感性的东西，有了一定的阅历后，一些感性当中却包含着许多理性的东西。

缘分

每一个走进你生命的人,都是一种缘分,而非偶然。缘分,并不是上天安排,而是一种个性上的吸引力。人人都有一方神秘的磁场,吸引着类似气质的同伴。遇到什么样的人,也侧面反映你是什么样的人。

寂寞

寂寞并不是你想念的人不在身边,而是你心里没有想念的人,或者你寂寞的时候没有人想念你。

> **随笔**
>
> ◎觉悟者总是内观自我,总是从自身找原因。非觉悟者总是外观环境,只会把箭射向别人。
> ◎不应该总在下游打捞落水者,应该在上游筑牢堤坝,让河水不再泛滥。
> ◎不甘放下的,往往不是值得珍惜的;苦苦追逐的,往往不是生命需要的。

教养

教养的最高境界是让人舒服,直接的体现便是不让人难堪。

> **随笔**
>
> ◎真正的耳聪是能听到心声,真正的目明是能透视心灵。
> ◎真正的高手,是能胜而不一定要胜,有谦让别人的胸襟;能赢而不一定要赢,有善解人意的意愿。
> ◎聪明不一定有智慧,但是智慧一定包括聪明。
> ◎所有自以为是的固执和偏见,都是因为自己没有达到更高的层次。

魅力

魅力就是情和理的完美结合。对人充满真情，对事充满理性，用真情做人，用真理做事，这就是魅力。

魄力

魄力是把正确的意见集中在一起果断决策，而不是用权力强行推行错误的东西。

随笔

◎从多个偶然事件中，看到其中的必然性，你就成长了。

◎说真话的好处是不用刻意回忆自己说过什么，做真事的好处是不用在乎别人是怎么想的。

◎学会拒绝表面的浮华，追求生命深处的崇高。

◎格局小，只能耍小聪明；格局大，才有大智慧。

◎简静，就是放下。放下了多余的，就解开了条条绳索，打开了道道门、扇扇窗，把阻隔了多年的阳光放了进来。

◎宁可在强者如云的平台上接受挑战，也不能在弱者的天堂里享受安逸。

◎知道不做等于不知道，有制度不执行等于没有制度。

◎我们根本不缺少观念，而是缺少让观念落地的载体。我们根本不缺少制度，而是缺少落实的措施。

◎素简的人，不被"枝枝叶叶"所阻挠，不为"悲悲凄凄"所侵吞。回归真我，心便素简。

◎世界上的植物千差万别，高矮粗细，根、茎、叶都不同，但归根结底是种子不同所致。所以不要被表象所迷惑，要追根溯源，找到最根本的东西。

◎"利令智昏"和"情令智昏"都可能突破做人的底线，突破底线就远离了爱与善，就会落井下石、损人利己，或者损人而不利己。

◎不要让廉价的笑声、无底线的娱乐、无节操的"垃圾"淹没我们的生活。

◎人们一生都在忙碌着争抢做事的平台，但有许多人却不曾在平台上做出令自己满意的事情。因此，当他们回首往事的时候，没有留下值得记忆的东西。

◎知大势才能谋大篇、布大局、发大力、做大事、求大成。

◎心中有情，眼中有人，肩上有责，乃做人之根本。人若无情，失之根本，则无一切。

◎如果把自己绑在单调的生活方式上，那只能称为生存。只有不断创造，善于改变，才能称为生活。

◎只有头脑和心灵都不复杂，才能年轻。不复杂并不是简单，而是纯和真，即抛弃功利和虚荣，保持专一。只有保持纯和真，才能发现真理、捍卫真理、发展真理。

社交的三项原则

耳不闻人之非，目不视人之短，口不言人之过。

随笔

◎深刻的东西往往很简单，许多人为什么读不懂，因为他们总是用复杂的心态看待简单的东西。戴上功利与浮躁的眼镜，是永远看不清事物的本质的。

◎谋大事者必布大局。对于人生来说，首先要学习的不是技巧，而是布局。大格局就是以大视角切入人生，力求站得高、看得远、做得大。大格局决定着事情发展的方向，掌控了大格局，也就掌控了局势。

◎我们不但需要有实践基础的科学思想，而且需要有能够承载科学思想的实践。

◎墙是阻挡人随便出入的，门是告诉你应该从哪里出入的，这是"门"的境界。

◎不要听到别人的指指点点就对一个人下判断，没有真正的相处，就不能让你了解一个人。一个错误的判断，可能会让你失去一个好朋友。

◎一把钥匙开一把锁，具体问题具体分析，一切从实际出发，这是永恒的真理。

◎无论有什么闪失，都要先从自己身上找原因、从错处学习，精益求精，直至不犯相同的错误。

◎无论地位高低，人与人之间必须平等相处，要以彼此尊重为前提，不可随意挑战人性。

◎认真是一种巨大的力量，一旦"认真"二字深入自己的骨髓、融入自己的血液，就会焕发出一种令所有人包括自己都能够感受到的巨大力量。

◎有的时候，我们的直觉已经离真相很近了，但又被所谓理智左右而远离了真相。

◎聪明的人不一定能够觉悟，觉悟的人一定聪明。觉悟的过程，就是不断走向幸福的过程。

◎不要把一个问题的两个方面看成两个问题，这样在理论上远离了真理，在实践上割裂了完整的事物，是不可能收到良好效果的。

事与物

意在物里则为事，意在物外则为物。

☞ 随笔

◎任何理论和学说，离开人的现实生活，都没有任何意义。理论的内在逻辑如果与现实生活逻辑相冲突，那么理论也没有任何意义了。

梳理与疏离

只有不断地对现实生活进行梳理，反观内心，回归良知，才能不断疏离物欲横流的现实，让自己的心灵得到不断提升。

> **随笔**
>
> ◎不论树的影子有多长,根永远扎在土里。
> ◎你活得简单,世界就简单;你活得复杂,世界就复杂。
> ◎昨天的谬误,可能就是今天的真理。

知与行

真知就是行,知是行之始,行是知之成。知而不行,等于不知。

> **随笔**
>
> ◎同样的话,在不同的时期、不同的场景,或由不同的人说出来,你的感受是不一样的。
> ◎换一个角度去观察思考同一个事物,可以得到意想不到的思想收获;换一个角度去做同样一件事情,可以得到意想不到的成果。
> ◎示弱是强者的智慧,逞强是弱者的浅薄。
> ◎不做事,有无数条理由;做事,只有一条理由——信仰。
> ◎做事的人,总在找上坡的路;不做事的人,总在找下坡的台阶。
> ◎能否做成事情,是由做事情愿望的强烈程度决定的。任何好的途径和方法,都是在强烈的做事愿望中产生的。
> ◎选择比勤奋更重要,做正确的事比正确地做事更重要。

道路

道是道理、规律、战略、方向、思想。路是路径、策略、方法、战术、行动。有道无路,知行相离,一事无成。有路无道,盲目偏行,事与愿违。有道有路,知行合一,必成大事。

> **随笔**
>
> ◎物质的富有叫"富",精神的富有叫"贵"。富而不贵只能叫大,

富而贵才叫强大。

◎世界上最真实的东西，往往是许多人看不见的。

◎人们往往对身边的美景无心欣赏、一知半解；而对远处的风景热心关注，甚至流连忘返。

◎如果说得好的人比做得好的人更能得到人们的认可，那么就会让华而不实与哗众取宠者获得更大的发展平台。

◎说和做，永远是两回事，说得好不一定做得好。评价别人做事情，不要太苛刻，要多问问自己，这个事情如果自己做是不是能比别人做得好。

◎不要总用自己达不到的标准去评判别人，自己做到了，标杆有了，标准自然就有了。

风景

技术不熟练的司机，路边没有风景。在风景区生活的人，眼里没有风景。

随笔

◎不能解决实际问题的理论，即便你背得滚瓜烂熟，也没有实际意义。能够解决实际问题的理论，你不能运用到实践，只是从文字方面去理解，同样是没有实际意义的。

大道至简

大道就是天道，就是人性。遵循大道前行，简单至极；遵循大道修炼，就是垂直攀登。

随笔

◎经典是无数前人为你筛选过的作品，它们经受了时间的考验，历久弥新。

极简

极简不仅是一种生活方式，而且是一种人生智慧。忙碌是因为智慧不足，遵循大道，方能至简，当极简成为实践，就会成为一种伟大的力量。

> **随笔**
> ◎不忘本来，吸收外来，面向未来，继往开来。
> ◎道，乃天道，天道体现在人性层面即"理"，"理"的外在体现即"礼"。
> ◎敬畏天道，尊重人性，融入时代，天人一体，放眼世界，成就大业。

简单

简单是高级形式的复杂，越高级的东西越简单。外在形式越简单的东西，智慧含量越高，因为它已经不再依赖形式，而是依靠智慧。

文化是民族的根与魂

一个民族的堕落，一定是从抛弃自己的文化开始的，如果丢掉自己的根与魂，那么任何梦想都会成为泡影。

> **随笔**
> ◎计划一件事情，要量力而行；做一件事情，要全力以赴。
> ◎息事宁人和求稳怕乱，会严重阻碍一个人事业的发展。
> ◎当你知道那些高人高在何处时，你已经提高了许多。

道法自然

太阳从东方升起，不是为了照耀万物；大河顺势而下，不是为了汇入大海。这都是天道的自然呈现。人一生行善积德,不是为了得到回报,那是人性的自然流淌。

> ◎高山的巍峨,不是为了让人仰视;天空的广阔,不是为了让鸟飞翔;大地的广博,不是为了滋养万物……无他,道也。人的善行,也不是为了回报和认可,而是人之本性也。
>
> ◎昨天是正确的东西,今天就可能是错误的。任何新事物,如果不赋予新的时代内涵,都会落后。

信息时代

信息时代,对有目标、有自控力的人来讲,具有无限发展的可能性;对没有目标、没有自控力的人来讲,就是一种灾难。

抓铁有痕

工作要扎扎实实,不怕难、不怕硬,抓铁有痕,敢于啃硬骨头。但一些人却理解成工作过程要留痕迹,注重开会、签责任状、发文件、整理记录。

> ◎人们能够真正了解并欣赏的,只是那些和自己的本性相呼应的东西。

理学

程朱理学,打破传统儒学的重伦理而轻本体、重文献而轻架构、重经验而轻思辨的弊端,构建了儒学的新体系,实现了儒学的一次历史性飞跃。

> ◎指鹿为马者,不想实事求是;同流合污者,不敢实事求是;人云

亦云者，不会实事求是。
◎把有意义的事情变得有意思，把有深度的道理变得有温度。

看世界

用自己的视角看世界，用世界的视角看世界，用世界本源的视角看世界，看到的是不同的景象。

仪式与形式

仪式是一种重要的形式，它承载着重要的内容。形式是内容的外在呈现，但不等于形式主义。庄严的事情必须有仪式感。

> 随笔
>
> ◎看清别人是聪明，看清自己是智慧。看清自己，便能看清一切，明心见性。

一滴水

一滴水，只有融入大海，才能永远不干枯；只有与千万水滴相互关联，并融为一体，才能影响周围的水滴，进而影响大海。

真相

我们总是以自己的视角解读世界，看到的也只是自己的独特世界。世界的真相究竟是什么？我们究竟离真相还有多远？这需要不断打开一扇又一扇的窗户，不断认识世界的真相，以达到天人合一的境界。

观念

人们往往用旧观念解读新事物，得到的结论往往脱离实际，因而错失良好的发展机遇。

资源

一个人是否拥有资源，往往不是由个人能力决定的；但一个人能否科学有效地利用资源，就要看其能力与水平。

> 👉 **随笔**
>
> ◎在思想方面，要善于"小题大做"，从自己的实践中感悟大道理。在行动方面，要善于"大题小做"，在大框架、大目标下，选择小的关键点，脚踏实地，攻坚克难，寻求突破，用小突破实现大突围。

增强"两个意识"

别人做的不正确的事情，你不做，说明你底线意识很强；别人没做的正确的事情，你努力去做，说明你的创新意识很强。

水的智慧

"变"是水的智慧，面对现实，它可以变成任何形状。但水无论变成什么形状，奔向大海的心永远不变。水改变形状，是为了积蓄力量，继续奔向远方的大海。

> 👉 **随笔**
>
> ◎看似简单的问题往往很复杂，因为我们没有真正看到与它相连的

> 诸多事物；看似复杂的问题往往很简单，因为我们没有透过现象看本质。
> ◎昨天还先进的东西，今天也许就是落后的。因此，我们需要坚守初心与使命。而坚守初心与使命的方法和路径，则应根据实际情况的变化而不断创新。
> ◎低头听听别人的意见，转换一下思路，问题或许就会迎刃而解。

健康的秘诀

健康的第一秘诀是保持良好的心态。现实告诉我们，有三种人心态最好：一是经过大风大浪而悟透人生真谛的人；二是放弃世俗追求而不断提升自己心灵品质的人；三是全身心聚焦自己的事业而忘掉名利追求的人。

换位思考

作为教师，千万别成为你学生时代最反感的那种教师；作为领导，千万别成为你作为下属时最反感的那种领导；作为同事，千万别成为你自己都反感的那种人。

> **随笔**
>
> ◎玩弄雕虫小技之人，往往认为懂得大道之人很愚笨，其实他们不懂"君子不器"的道理。
> ◎形式主义的最大危害是逼迫人们用大好时光做无用的事情，而没有时间去做有用的事情。
> ◎不要总是把不成功的理由归于外界条件，而应该从自身找原因。只有你自身的内在条件成熟了，才能吸引许多外在的条件，从而获得成功。
> ◎不要站在自己的角度看别人，也不要埋怨别人站在他的角度看自己。
> ◎有能力改变自己的人，才有能力改变现实。没有能力改变自己的人，总是怨天尤人。

◎守住寂寞，方能思想深邃；守住理想，方能不忘初心；守住理性，方能看准方向。

◎孔子曾经告诫弟子，不要和春生秋死的蚂蚱谈论四季。不同层次的人辩论同一个问题，隔着太多的障碍，没有任何价值。

◎没有力量的人一切向外求，总是活在别人的世界中；有力量的人一切向内求，总是用自己的实力吸引周围的人。

◎具有以下特征的人内心往往具有较多负能量：一是经常用负面例子证明自己观点的人；二是经常对社会和他人进行抱怨的人；三是经常关注负面事件和负面新闻的人。

孤芳自赏

越是优秀的人，越不容易被人理解。如果你真是"芳"，独又何妨？自赏不亦快乐？

随笔

◎有智慧的成功者都喜欢低调做人，总是习惯性地把自己调成静音，不炫耀自己的成功，不与人争论是非，不发表无用言论，只是默默地用自己的行动改变周围的人和事。

健进不息

健进不息，是中华民族传统文化的精神特征。因此，优秀文化基因代代相传，这是实现中华民族伟大复兴的中国梦的根与魂。

大爱情怀

大爱是一种没有分别心的无差别的爱。只爱那些爱你的人，这是小爱情怀；能够爱那些不爱你的人，这是中爱情怀；能够爱那些恨你的人，这是大爱情怀。

> **随笔**
>
> ◎大爱既能驱散自己内心的雾霾，也能融化别人内心的坚冰。
>
> ◎天道谴责四种人：地位大于贡献的人，名声大于才华的人，财富大于功德的人，职位大于能力的人。
>
> ◎丢掉偏见，即正念；走出迷雾，便真实。
>
> ◎由于受到理论水平和研究能力的局限，我们往往找到的是事情发生的假原因，如果在假原因上下功夫，那么最终是不会影响结果的。
>
> ◎我们无法理解自己不了解的世界，更不能对自己不了解也不理解的东西妄加评论。
>
> ◎情是人生的动力，理是人生的航标。
>
> ◎我们应该反复思考现在的认识是否符合现实、符合规律、符合人性，而不应该反复整理和深化那些根深蒂固的偏见。

理论、精神、价值观

科学理论是民族文化的灵魂，伟大民族精神是民族文化的精华，社会主义核心价值观是民族伟大精神的现实体现。

> **随笔**
>
> ◎多数人的意见不一定是正见，少数人的意见不一定是偏见。正见往往掌握在少数人手中，若能把少数人的正见变成多数人的共识，定会实现跨越式发展。
>
> ◎每个人拥有的东西都是和自己相匹配的，一旦拥有的东西超过了自己的能力与贡献，就会留下祸患。
>
> ◎通向成功的方法与途径有很多种，只需要选择适合自己、能发挥自己所长的那条路即可。
>
> ◎学识不够的人，因看不透事物，往往困惑多虑；德性不高的人，因怕自己威望不高，往往发威发怒；信心不足的人，因怕别人不信，往往快语多言。

◎千万不要把外在沉静的人理解成呆板。其实，内心干净、心如明镜的人，往往才能表现出外在的沉静。沉静实质是内在心境的外在表现。

◎看事的人永远都能挑出做事的人的毛病，评事的人永远都能说出比做事的人更高的见解。但只有真正做事，并且能够把事情做好的人，才有能力看透事，提出有价值的见解。

◎所有的改变都不是突如其来的，人们往往不能接受改变的原因是自己不希望有所改变。平时不关注事物背后的渐变，当变化的结果呈现在眼前的时候，往往有一种大失所望的感觉。

◎没有足够的力量就不要去背负重物，没有足够的分量的话语就不要去规劝别人。

◎以情感为核心构成的人类社会，如果其主旋律是大爱，社会就会和谐，人们就会崇尚道德的力量。

◎明白的，不一定能够真正认同；认同的，也不一定能够真正做到。因此，知行合一，不是一件容易的事情。

◎一个人如果不懂换位思考，就不知道什么叫感同身受，其语言和行为就很难让周围的人感觉到温暖和力量。

◎不是所有的感受都是正确的，不是所有的认识都是客观的，原因归于总是从"我"出发。

◎拿得起，叫责任与担当；放得下，叫胸怀与格局。

◎人们总是将自己的成功归因于自身，将失败归因于环境；将他人的成功归因于环境，将失败归因于他们自身。

◎经常把没有用处的东西扔掉，就会提高自己的生活品质；经常把固有的偏见扔掉，就会提升自己的心灵品质。

◎不要总是埋怨别人没为你做什么，而要常常反思自己为别人做了什么。

◎一些经常给别人讲大道理的人，如果自己遇到同类的事情，他们的心情比别人还糟糕，情绪比别人还激动。明白道理不一定能够处理好事情，只有在实践中体悟和体认到的道理，才是真知灼见。

◎做有意义的事情不一定能够成功，但和根本不做是截然不同的。虽然没有成功，却从做事的过程中获得了心灵的提升，为成功奠定了基础。而根本没做，就永远没有成功的可能。

◎我们总是在无常中苦苦寻找永恒，却在永恒中常常迷失自我。

◎任何事物都没有常一不变性，世界上唯一不变的就是变化。任何事物都没有独立存在性，它的存在需要许多相关条件。因此，不要执着于某一事物，该来的早晚要来，该走的早晚要走。

◎知己，就是彼此有说不完的话，或者不说话时也能长时间待在一起。

◎不要在没流过泪的人面前流泪，他会把你的眼泪理解成脆弱；不要在没有流过汗的人面前说累，他会认为你没有工作激情。

◎低层次的人喜欢别人给予自己物质帮助，中等层次的人希望别人给予自己思想引领，高层次的人希望别人给予自己心灵力量。

◎不要拿自己做不到的事情去要求和考验别人，不要站在道德制高点上俯瞰别人，也永远别去考验人性。

◎不要坚守错误的观念，更不能把错误的观念强加给别人。错误的观念就像枷锁，控制着人的思想，让人失去创新能力。

◎所谓记性好，就是把事情真正放在了心里。

◎孤独，并不是身边的人少，而是找不到与自己心灵同频共振的人。

◎心灵深处的懂得，胜过千言万语；精神层次的认同，超越风尘俗世。

◎相信才能看见，行动才能实现。

◎失望源于指望，越过度指望别人，就越会感到失望。一个人心智成熟的标志，就是依靠自己而不指望别人。

◎如果认知不到位，勤奋和努力往往都成为徒劳。

◎凡是能够发现别人优秀的人，自己也一定优秀。

◎不要总是挑剔别人的生活，更不要太在意别人的眼光。如果总是关注别人、羡慕别人、迎合别人，在意别人的评价，就会逐渐失去自我，把自己修剪成别人喜欢的模样。

◎所谓高情商，不是左右逢源、懂得善巧，而是心里装着别人。

◎得意而不忘形，失意而不忘行。

◎人们往往喜欢在意那些不在意自己的人，而不去在意那些在意自己的人，结果是自己的在意变成了失意。

◎做什么事情，都要处理好道与术之间的关系。道，乃规律；术，乃方法。道是不变的，术是随着条件变化而变化的。因此，只有掌握了道，才能在变化中遵循不变，而不是忙碌地追逐变化。

◎智慧来自心灵，是心性之学，属于道的层面；知识来自大脑，是逻辑推理，属于术的层面。

◎逻辑是一种思维方式，智慧是一种对真理的体认。不能用逻辑推导智慧，而是由智慧决定逻辑。

◎有些人从来不发表自己的观点，总是手中拿着冷剑趴在草丛中，随时准备攻击他们不认可的观点。

◎对外界的所有困惑都是自己内心的困惑造成的，只有看清了自己，才能看清事物。

◎学问有三：一是心性之学，核心是修炼与体悟；二是思维之学，核心是掌握科学思维方式；三是行动之学，核心是提升行动力。

◎贤者修心而求道，追求知行合一；智者修脑而求术，追求逻辑推理。

◎同一道理，言者不同，效果不同。知行合一者所言之理，能量满满；行不至者而言其理，能量微弱。人们不但要听其言，还要观其行。

◎有一种最耗费心力的消费就是讨厌身边的人和事，有一种最心悦的收获就是欣赏身边的人和事。

◎道家的无为，不是无所作为，也不是刻意而为，而是适应天道和人性而为。

◎一滴水如果用眼睛观看，晶莹剔透；如果放在显微镜下观看，全是杂质。

◎人本身就是一个宇宙，本性自足，无须外求。内在都拥有强大的潜能，就是一个蕴藏宝藏的宝库。打开宝库的钥匙，就是发自内心地相信。

◎人们总想得到新东西，而不去想凭得到的东西去做点什么。

◎不要认为在同一高度上的人的内在能量是相同的，因为他们达到同一高度所走的路是不同的，所以心灵的力量也一定是不同的。

◎处理好人际关系的两条基本准则：一是有仁爱之心，二是善于换位思考。

◎所谓特色，就是从自己的实际出发，利用自己的优势，以独特的方式走独特的道路,以实现追求卓越的目标。

◎锅底法则:人生好比一口大锅,当你跌至锅底时,只要肯努力,无论哪个方向,都是向上。

◎当道德底线成为道德标杆时,就是现实的悲哀。

换位思考

很多偏见与隔阂的产生都源于我们站错了地方。站在自己的立场看到的只是片面,站在自己的角度往往无法解决矛盾。解决问题的最好办法就是换位思考。

随笔

◎一些人学习传统文化,只是专注于"文",而不能内化于心、外化于行。内心没有能量,何谈传播与弘扬。

◎不知本然,就不知应然,也难知必然。

◎不同的人会站在不同的立场评价别人,那么立场不同,评价也不尽相同,甚至大相径庭。因此,每个人都不能活在别人的评价里,只要用良知做事,就会成为更好的自己。

相由心生

人的内心会呈现在外在形象上。或者说,一个人的三观会影响自身的五官。

随笔

◎现实中,我们往往由于把因果关系弄反了,造成认识上的误区,进而造成实践上的误区。例如,我们总认为朋友多了路好走,而现实却是路好走了朋友多。

◎不要以为你不知道的东西别人也不知道,不要以为你知道的东西别人还不知道。

◎不要以为从大海中舀出一桶水就能认识和理解大海，千万不要用自己浅薄的目光去解读深邃的大海。

◎困扰我们的"外在"问题，正是我们无法整合的"内在"部分。

述而不作

圣人往往都述而不作，他们只是传述前人的思想，而自己不去著书立说。原因之一是他们认为自己的认知没有超越先人，没有必要著书立说；原因之二是他们认为自己的语言都是在具体条件下所说的，不具备普遍性，如果形成文字，会误导他人，形成教条。

随笔

◎有能力的人，有多大平台就有多大的成就；没有能力的人，总是埋怨平台太小。

◎不偏不倚谓之中。中，就是适度。胸怀有宽度，办事有力度，读书有厚度，眼界有高度，说话要适度。

◎人们之所以感觉心累，是因为不能坚守本质，而去追逐变化莫测的表象。

◎社会发展的根本标志是人自由而全面地发展。一个社会的科技再进步、物质再丰富，如果人的精神堕落了，社会发展就会停滞或倒退。

◎聪明的人是根据事实，运用科学的思维方式进行思考，得出正确的结论。愚笨的人是先有个结论，再到现实中为自己的结论寻找根据。

◎人们看不到真相的原因是，往往带着自己的偏见去观察，只愿意相信他们希望的真相。

◎中华优秀传统文化博大精深，是智慧之学，如果把它当作知识去学习，而不当作智慧去领悟，那只是最低层次的学习。

◎增加维度，就会改变思维，改变思维就会看得更透。一维是线，二维是面，三维是静态的体，四维是动态的体，这是因为加进了时间的维度。加进时间维度再看事物，就会发现任何事物都不具有长期不变性，都不具有独立存在性。由此可知，任何事物都有产生、发展和灭亡的过程，就没有必要在某一件事情上纠结。

◎不是你能理解的东西，别人也一定能够理解。不是你理解了别人，别人就一定理解你。你理解了、感悟了，是你自己的心灵所得、乐之所在，何必期望别人理解呢？

◎思维方式和认知模式的不同，是人与人之间最大的不同。

◎千百年来一直流传的经典，如果此时你看不懂，千万别放过，这里面肯定有滋养你生命的东西。你一旦读懂，你的生命状态就会发生翻天覆地的变化。

◎现实中，为什么出现"近处无风景""墙里开花墙外红"的现象？那是因为人们不相信眼前就有风景，总是习惯于到远处去寻找心中的风景。

◎无知，是不知道善恶是非；偏见，是善恶是非颠倒。因此，偏见比无知更可怕。

◎你永远叫不醒一个装睡的人，他会让你觉得清醒才是错的。

◎形式主义泛滥的根本原因，就是敢于担当的人越来越少。或者说，敢于担当的人生存的环境越来越差。

◎强力提倡的东西，都是现实中最缺失的东西；强力反对的东西，都是现实中屡禁不止的东西。

◎永远不要用自己的道理去说服别人，因为你说的道理也不一定就是真理。即便是真理，也只能由他自己感悟才能获得。

知与不知

无知者，以为自己什么都知道；浅知者，不知道自己不知道什么；求知者，知道自己不知道什么；有智者，不知道自己知道什么。

☞ 随笔

◎不要记得谁给你带来了不愉快，也不要记得你给谁带来了快乐，这样你就会快乐。

◎轻易肯定自己不懂的东西，或者轻易否定自己不懂的东西，都是无知的表现。

◎做同样的事情，也获得同样的结果，但因起心动念时的出发点不同，所获得的心灵收获就会不同。

◎如果自己还在梦中，怎能叫醒正在做梦的人。自己醒来，也只能叫醒不愿做梦的人。无论你多么清醒，都不可能叫醒沉浸在梦中的人。

◎凡是不能真正触及心灵和事物本质的工作，既不能真正解决思想问题，也不能解决现实问题，这就是形式主义。形式主义的特点，就是表面忙忙碌碌，实际上劳民伤财。

◎不是朋友多了路好走，而是走好了路才会朋友多。不要把自己过多的精力放在人际关系上，而要把自己的精力放在做成事情上。

◎形式主义为什么越反对越严重？其根本原因就是人们总是用形式主义的方式反对形式主义，从而造成恶性循环。

◎连自己都不相信的事情千万不要去做，做了就会出现你不想得到的结果。

◎没有激情，任何伟业都不可能善始；没有理智，任何壮举都不可能善终。

发光与花光

如果你是一块金子，你早晚都会发光；如果别人给你一块金子，你早晚都得花光。

☞ 随 笔

◎我们很难改变别人，但可以最大限度地影响别人。通过我们的言行拨动别人心弦，让他改变对周围事物的看法，从而改变他的行为。

第四篇
改变思辨才能改变思路

> 思辨能力就是辨别是非与善恶的能力。实质就是由思维方式所决定的思维水平。思维方式决定认知水平,认知水平决定实践思路,实践思路决定行为方式,行为方式决定行为结果。因此,只有提高思辨能力,才能改变工作思路,找到新的出路,让行为更有效。
>
> 用孤立、静止、片面的方式去看问题,不可能找到事物之间的本质的、必然的、稳定的联系,不可能找到事物发展变化过程中的规律。只有用联系、发展、全面的观点看问题,才能找到规律,并遵循规律办事情,提高工作效率。
>
> 辩证思维就是用对立统一的观点看问题。人们观察世界、社会、人生、教育,必须运用辩证思维的方法,找到现实中诸多范畴的关系,提高对事物的认知水平,从而用科学的认知指导实践,取得事半功倍的效果。

高大与渺小

站在山顶上的人看山脚下的人很渺小,站在山脚下的人看山顶上的人同样很渺小。

肯定与否定

每个人的内心都有一个丰富多彩的世界。人不可能完全读懂别人,也不能期盼别人能够完全读懂自己。自己读不懂别人的时候,不要轻易否定或者肯定,否定和肯定自己不懂的东西其实就是无知,唯一的办法是提高自己的解读能力。别人读不懂自己的时候,不但不要抱怨,还要反观自己是不是正确,正确的要一直坚持,错误的要立刻改正,不能执迷不悟,避免在错误的道路上狂奔。

支点与杠杆

撬一个重物,如果没找到支点,杠杆的力量再大也不可能撬动重物。只有找到支点,杠杆才能发挥作用。因此,阿基米德说:"给我一个支点,我就能撬起整个地球。"

性命,生命,使命

没有使命的生命就是性命,没有性命何谈生命和使命,没有生命的性命又如何担当伟大的使命。

修养与修炼

修养是让自己的言行符合社会基本道德行为规范,修炼是让自己的身心无限接近客观规律。要通过修炼达到修养，让自己的心灵无限接近真理，真正做到天人一体。

常识与偏见

黑格尔曾说，所谓常识，往往不过是时代的偏见。如何理解此话内涵？一是我们现在知道的一些老常识也许就是偏见，但我们还在坚守；二是我们突破了旧框架获得了新常识，但由于人们观念没有转变，往往把它看成偏见而拒绝接受；三是任何真理都是相对的，它都会随着时间和条件的变化而发展。因此，今天的常识，明天也许就是偏见。要远离偏见，获得常识，就必须不断学习，不断探索，突破自我，突破时代的桎梏，让主观认识不断接近客观真理。

优秀与幸福

优秀是别人对你的评价，幸福是自己的感受，不可能人人都成为优秀的人，但人人都想要追求幸福。

艺术与科学

艺术的特点是张扬个性，不具有普遍性，艺术的生命在于创新；科学的特点是体现共性，具有普适性，科学的价值在于求真。教育不应该过分强调艺术性，应该强调科学性，要从宣扬艺术回归到强调科学。

困惑与层次

人人都有困惑，处于不同的层次，困惑也不同。在地面上，困惑你的是迷雾；在高空中，困惑你的是白云。

专注与聪明

现实中,成功者之所以寥寥无几,原因就是很少有人长期专注一件事情,其实专注也是聪明。

思想与技术

当我们的思想跟不上技术进步的时候,技术本身就是摆设和累赘。当技术跟不上思想的时候,我们奔向目标的方法和途径就会落后,实现目标的速度就会缓慢。

小负与大胜

许多大胜和大成往往不是由小胜和小成积累而成的,是由许多小负和挫折积累而成的。这些小负与挫折从表面看离成功越来越远,其实是离成功越来越近。但在这个过程中,一些人放弃了目标,这就是成功者寥寥无几的原因。

知易行难

认清一件事没有那么复杂,做成一件事却没有那么简单,这就是知易行难。

嫉妒与崇拜

远的崇拜,近的嫉妒;够不着的崇拜,够得着的嫉妒;没利益冲突的崇拜,有利益冲突的嫉妒。

挑战与机遇

任何挑战对于强者都是机遇,任何机遇对于弱者都是挑战。

简单与复杂

把简单的东西弄复杂,其实很简单;把复杂的东西弄简单,其实很不简单。现在许多"专家"善于把简单的东西弄复杂,而不是下功夫把复杂的东西弄简单。

情理法

把规矩立在前面,把情感注入心里,把道理融入大脑,让行为符合"情理法"。

根与魂

对事物的理解,只有达到哲学的层面,才能找到事物的根与魂。有了根与魂,才能在纷繁复杂的现实社会中,拨开云雾见晴天,做到沉着冷静、与时俱进。

视域,视野,视角

不同的人在同一视域内,由于视野和视角不同,看到的风景肯定不同,但不能用自己看见的东西去否定别人看见的东西。而是应该放开视野,转换视角,认真观察,发现更多更美的景色。

方向，方位，方法

审时度势，明确工作方向；审视现实，找到工作方位；慎思明辨，找到解决问题的方法。

尽兴与尽性

尽兴，是尽情的高兴，是一种幸福的境界；尽性，是遵循事物发展规律、顺应天道与人道做事，是做人与做事的境界。通过尽性而尽兴，就是天人合一。

理，力，礼

理即天理，在心灵深处，表现为能量（即力量）；在做事方面，表现为能力；在做人方面，表现为礼。

胜与败

所有的胜利，与征服自己的胜利比起来，都微不足道。所有的失败，与失去自我的失败比起来，更微不足道。

理论与现实

不能用教条的理论裁剪丰富多彩的现实，也不能用自己粗浅的认识裁剪科学的理论。在学习与实践过程中，主观主义是有害的。

压力与动力

井无压力不出油,人无压力轻飘飘。巨大的竞争压力不断挤压着我们的生存与发展空间,此时必须变压力为动力,选准突破口,以点的突破实现整体突围,寻求更大的发展空间。

大与一

大到一定程度就是一,一就是道,天人合一、身心合一、知行合一。因此,具有大格局、大胸怀、大气魄者,才能遵循天道与人性而成大事。

辩论与争论

提倡辩论,反对争论。辩论可以明是非、知情理;争论是为了让别人认可。如果你做对了事,坚持就行了,与别人是否认可有何关系;如果你做错了,改正就行了,为何还要争论失败的理由。

阻力与动力

改革就会有阻力,但改革失败的原因,往往不是外部阻力大,而是内在动力不足。因此,只有增强内在动力,才能冲破层层阻力,改革才能成功。

> ☞ 随笔
>
> ◎只有不断爬坡,才能登高远望,看见最美丽的风景。既然选择了登高与远望,就不要埋怨坡路太长,要知道走得艰难不是阻力太大,而是前行的动力不足。

真与假

我们亲眼看到的,有许多都是假象,何况是听到的呢?要提升自己的判断力,手中必须要有三镜:望远镜、显微镜、照妖镜。

> **随笔**
>
> ◎如果你一直把假的当成真的,并从来没见过真的,当有一天真的东西出现在眼前,你也会把它当成假的。
>
> ◎真的是本质,假的是现象。一种本质可以呈现多种现象,如果总是追逐现象,就很难把握本质。本质与现象是相互依存的,本质必须依靠现象去呈现,因此,没有假也就无法求真。

光明与黑暗

人生可怕的不是经历黑暗,而是不知道寻找光明,更可怕的是有些人惧怕光明。

智商,情商,胆商

智商是能否掌握规律,决定事情的正确性;情商是能否整合条件去做事情,决定事情的正确路径;胆商是能否敢于去做事情,决定能否做成事。

文化与文章

文化是一种思维方式和行为方式,体现在人们的思想与行为中。文章往往是知识的载体,具有一定情感与思想的好文章,也承载一定的文化,但不是所有的文章都承载文化。

定力与努力

一些人看似很努力,但无定力,不能静下心做好一件事,而是忙忙碌碌去做很多事。这种尽了全力的努力是没有定力的浮躁。

形式与内容

形式是内容的外在体现,内容是形式的内在灵魂。有形式无内容,属于体不附魂;有内容无形式,属于魂不附体。

自主性与自主权

教师只有具备了自主性,才能得到充分的发展。自主性实现的条件是拥有自主权,让教师成为学校的主人、自己的主人,才能充分发挥其自主性。

志智治致

志智治致,是团队管理的四字方针。志,就是培养员工的志向,把员工个人志向与团队的共同愿景结合起来。智,就是培养员工的正确思维方式,提升员工的专业素养。治,就是通过评价促进员工的自主管理,达到自治的境界。致,就是通过以上三条途径,让员工达致个人发展目标和团队的共同愿景。

彼与此

任何事物都是由彼此对立的双方组成的统一体。不同的条件下彼与此呈现出的性质是不同的,有的时候呈现出"彼"的特性,有的时候呈现出"此"的特性。当事物表现出的特性既不是"彼"也不是"此"的时候,事物才真正处于最佳的平衡状态。

逻辑与真理

逻辑是一种科学的思维方式，但其本身不是真理。如果你推理的前提就是谬误，运用逻辑也只能推出谬误，而不是真理。

格局决定判断

不同的人看同样的事物会有不同的感受和判断，原因就是眼界与格局不同。同一事物放在不同的系统和格局中，其定位及作用肯定不同，因此，人们对其做出的判断就不同。

心与境

内心修炼的层次不同，表现出内心与外境的三种关系：第一种，心随境转；第二种，境转心定；第三种，心能转境。

> **随笔**
>
> ◎人最常犯的两个错误：一是用复杂的心态看简单的事物；二是用简单的心态看复杂的事物。

是非与善恶

是非，是客观标准，符合客观规律的即"是"，不符合客观规律的即"非"。善恶，是主观的价值标准，客观事物本无善恶，人们从自己的价值取向出发，给事物赋予了善与恶。是非与善恶的关系，就是客观与主观的关系。一般来说，凡是"是"的，都是"善"的，真与善统一；凡是"非"的，都是"恶"的，非与恶统一。

> **☞ 随笔**
>
> ◎我们往往轻易地否定自己不懂的东西，或者轻易地肯定自己浅尝辄止的东西，而错过了学习与研究的机会，致使自己的心灵没有得到快速的提升。

心境，情境，环境

教育就是要帮助学生构建以健全人格为核心的良好心境，融入以人际关系为核心的现实情景，适应各种生存与发展环境，以求得自身的充分发展。

> **☞ 随笔**
>
> ◎用旧思维方式思考新实践中存在的问题，不可能找到答案，只有用新观念才能解决新问题。

个人与平台

每个人都要珍惜自己所拥有的平台。千万要牢记，是你所拥有的平台成就了你，而不是你的成就创造了平台。平台离开你仍然辉煌，你离开平台也许什么都不是。

常识与真理

有时，违背人们固有常识的东西，往往是埋在常识底层的与常识相反的真理。因此，要善于突破常识，探求真理。

> **☞ 随笔**
>
> ◎认识假因果，比不知因果更可怕。不知因果，可以探索真因果。认识假因果，会让我们做出许多错误的判断，并做许多错事。

> ◎欺骗自己比欺骗别人容易得多，因为欺骗自己的理由总是数不胜数；叫醒自己比叫醒别人难得多，因为有时自己根本就不想醒。
>
> ◎满脑子都是标准答案的人，比没有思想的人更可怕。他们满脑子装的都是别人的教条，还自傲地认为自己很有见解。

富贵

富人不一定是贵人，贵人也不一定是富人。富人拥有的是财富和地位，贵人拥有的是思想和灵魂。

有效性与针对性

有效性是由针对性决定的，多次做一件事情，有效性没有显著提高，即没有找到问题的真正原因，只有找到解决问题的支点与杠杆，才能增强有效性。

聪明与善良

聪明是一种天赋，是与生俱来的；善良是一种选择，是人生的一项重要修炼。

压力与动力

压力可以转化为动力，也可以摧毁动力；动力可以顶住压力，也可能被压力摧毁。

学以致智与学以致知

学习的目的：一是学以致智，二是学以致知。前者是培养人的科学思维方式，开发人的智力；后者是培养人的内在良知，开发人的心性。

懂与信

懂不等于信，讲自己懂而不信的东西，等于说谎，因为连自己都不信的，不可能变成自己的行动。讲自己信而不懂的东西，相当于迷信，因为别人不信的，也不可能变成他们的行动。

面子与尊严

不要错把面子当成尊严。面子是别人给的，尊严则永远掌握在自己手中。有尊严的人从来不在乎面子，有面子没有尊严的人最在乎面子，但往往没有面子。

> **随笔**
>
> ◎简单问题复杂化容易，复杂问题简单化不易。
> ◎低层次的人，总是把有修养的人看成软弱者，而把暴躁的人看成有魄力的人。

信仰与信念

信仰，是对一种理论的坚信，并自觉运用理论所提供的立场、观点、方法来分析问题和解决问题。信念，是坚信一种奋斗目标能够实现，并积极投身其中。

> **随笔**
>
> ◎用理性解析情感的世界，或者用情感解析理性的世界，同样是徒劳而无解的。
> ◎不能怕失去而不敢去获得，更不能在获得后忘记珍惜。
> ◎如果付出是为了回报，一旦未能如愿，你就会感到失望和痛苦；如果把付出本身当作快乐，你的付出就会给你带来幸福。

◎热爱的东西都是在过程中享受，而不要过多地关注结果；特别关注结果的都是热爱的程度不够，往往带有功利的倾向。

◎源于内心真爱产生的责任叫担当，源于外在压力产生的责任叫负担。

◎有一种责任，因爱而产生，这种爱就是对事业的爱；有一种爱，因责任产生，这种爱就是一种职业情怀。

◎弱者一味抱怨，不断沉沦；强者沉默不言，逆流而上；智者改变思维，借势而行。

◎愚者敏感，智者敏锐。

◎伟大不是做出惊天动地的大事，而是在平凡的岗位上远离了平庸。

◎昨天正确的东西，今天不一定正确；昨天错误的东西，今天也不一定错误。这是因为条件发生了变化。

◎得到与失去都是现象，其实质是你是否具备拥有这些东西的条件。当你具备拥有的条件时，就会拥有；当你失去拥有的条件时，就会失去。

◎愚痴者往往自信满满，这种自信往往成为一种内耗的催化剂；仁智者谦虚谨慎，这种开放包容总能从外界获得能量。

◎一些人耗费时间与精力去建立自己的人脉，而不是努力奋斗强大自己。他们不懂，如果自己不强大，便没有人脉和圈子。

◎如果心中缺少不变的东西，那么就无法应对现实中的瞬息万变。

变与不变

要善于从不断变化中看到背后不变的东西，还要善于用内心不变的东西辩证地看待变化的东西。既要顺应变化，又不能盲目地追逐变化。

有与无

人们常常把幸福与"有"联系在一起，如有名、有钱、有权等。其实，有了这些也不一定会拥有幸福。真正的幸福往往与"无"联系在一起，如无疾病、无烦恼、无贪欲等。没有了这些，幸福也就真正到来了。

有用与无用

人们往往从功利出发去做那些当下"有用"的事情,而不是从长远利益出发做那些"无用"的事情。其实,许多当下看似无用的事情将来往往有大用。

大与小

同样一件事情在不同人眼中的大小是不一样的。如果你感觉很小,那是因为发生的事情和你的思维结构没有大的冲突;如果你感觉很大,那是因为发生的事情和你的思维结构冲突很大。

随笔

◎当没有真正弄懂一个事物的时候,先不要忙着说它是什么,要逐渐认识它不是什么,这样是什么就会慢慢浮现出来了。

◎所谓寻找快乐,就是一个不断放下自我的过程;所谓自寻烦恼,就是一个不断强调自我的过程。

◎放开你想要的东西,如果它没有离开你,说明它是属于你的;如果它离开了你,说明你从未真正拥有过它。

◎有一种奉献叫索取,自己付出的同时,总希望得到回报;有一种收获叫奉献,自己只要付出,就心满意足。

◎勇者和智者才懂得宽容,总是让人感觉舒服;懦夫和愚者不懂得宽容,总是让人感觉尴尬。

◎有小聪明的人往往喜欢与人计较,有大智慧的人喜欢与人分享。

◎不懂的人往往夸夸其谈,真懂的人往往沉默寡言。

◎一个人如果走过许多弯路,那么就太不简单了;如果总走弯路,那么就太简单了。

道与路

道,即天道,也就是规律。路,即路径,也就是方法。道路,就是认识和运用规律的方法与途径。

想通与想透

想通是从逻辑角度思考的,想通思路就没有障碍。想透是从认知角度感悟的,想透内心就没有挂碍。想通不一定是想透了,但想透了一定是想通了。

学问与学识

自己有了体悟,并能付诸实践的人,才称他有学问。自己弄通了,但不能付诸实践,只能传授给别人的人,称他有学识。

知道与不知道

第一层次,不知道自己不知道什么;第二层次,知道自己不知道什么;第三层次,不知道自己知道什么。

> **随笔**
>
> ◎只有不断进入新的境界,才能知道自己不知道什么。人生最大的悲哀,是不知道自己不知道什么。
>
> ◎浅薄者,不知道自己的浅薄,也发现不了别人的深刻;深刻者,总觉得自己浅薄,并能发现别人的深刻。
>
> ◎人格主宰性格,性格体现人格,别让你的性格破坏了你的人格。

素其位而行，不愿乎其外

素其位而行，就是守住自己的位置而行事，即守土有责、守土担责、守土尽责。不愿乎其外，就是不羡慕本位以外的东西；否则，就可能德不配位、智不配位、力不配位、行不配位。

真相与真理

只有看到真相，才能感悟到真理。现实生活中，如果我们看到的是假象，也就不可能获得真理。看穿假象，是获得真理的前提。

真理与科学

真理揭示的是事物发展变化的本质与规律。科学是探究真理的方法与途径。终极真理具有唯一性，科学只能在一定范围内揭示相对真理。

因果关系

一个因可能同时有多个果，千万不要把同时出现的果当作彼此的因。一个果可能有多个因，千万不要找到一个因，就认为找到了全部的因。

空与无

空与无是两个含义不同的词：空，是从来就没有过；无，相对于有，是原来有而现在没有。

我

假我,不知道我是谁;小我,以自我为中心;大我,与众人同心同德;无我,与天道同频共振。

对立统一

只看到对立而不追求统一,是小人之见,也不会做成事情。只追求统一而不讲对立,也不可能实现统一。只有在对立中,才能获得真正的统一。

善与恶

小人心存恶念,以个人利益最大化为出发点;君子心存善念,喜欢换位思考,以帮助别人为快乐。圣人心念无善无恶,让自己的心念、行为与天道同频。

随笔

◎优与劣在一定条件下可以相互转化,既没有绝对的优势,也没有绝对的劣势,要从实际出发,扬长避短,变劣为优。

变与不变

变,是不断开拓创新的实践;不变,是战略定位和价值追求。要用"变"不断实现"不变"。

内与外

向外走,是美好的旅行,可以赏心悦目;向内走,是一种高层次的旅行,可以明心见性。

◎向内追求心灵的富有，会通往幸福；向外贪求名利的拥有，会走向痛苦。

诚与成

"诚"，是天道的本质特征，天道靠"诚"成就一切。人最重要的品质也是"诚"，"诚"能够帮我们处理好纷繁复杂的关系，从而获得成功。

真理与谬误

真理是唯一的，所以就有英雄所见略同；谬误是各种各样的，所以就有丑态百出。

内涵与外延

内涵是概念所要反映的对象的特有属性或本质属性。外延是概念所要反映的具有本质属性的对象，即概念的适用范围。

是什么与什么是

"是什么"指下定义。"什么是"指找出符合定义的对象。

本色与特色

本色是特色的底色，特色是本色的个性化呈现。丢掉本色的特色，就是本末倒置的色。

理与礼

理，指天理，是内在的规律。礼，指人的外在行为规范。理与礼是内与外之间的关系，理决定礼，礼呈现理。人们对客观规律认识的不断深化，即对理的认知不断深化，礼也随着理的变化而发生变革。

道与人

道不远人，人能弘道，非道弘人。

知识与智慧

向外求，格物致知，获得知识；向内求，反观内照，获得智慧。知识若不能转变成智慧，便失去了价值。

三观与思维方式

人最怕的是思维方式出问题。三观决定人的思维方式，思维方式是三观的表现形式。三观不正，思维方式就是错误的。

说与做

有的人说得比做得好，有的人做得比说得好，有的人说得和做得都很好，有的人说得和做得都一般。

偏见与无知

偏见比无知更可怕、更有害。偏见比无知距离真理更远，无知者可以通过学习获得真理，偏见者拒绝接受真理。

渺小与高大

渺小不懂得什么是高大，懂得高大了也就远离了渺小。高大从来不显示自己的高大，从来不鄙视渺小，也从来不在乎外在的评价。

个性化与艺术性

不是所有的个性化都具有艺术性。艺术性是在遵循普遍规律的基础上，形成自己独特的风格。

新与真

新，就是创新；真，就是求真。不是所有的"新"都是"真"。在求真基础上的创新，才能推动事业的健康发展。

方向与方法

方向是目标和灯塔，方法是途径和手段。没有方向的方法是小聪明，没有方法的方向是好高骛远。用行动把方向与方法统一起来，才能走向成功。

观察与看见

智者向内观心，体察到的是本质；愚者向外看现象，得到的往往是偏见。

第五篇
遵循天道人性做人做事

做人与做事是统一的。做人就是修心、修脑,做事就是修炼自己的行为。有什么样的内心和思维,就会有什么样的行动和结果。

无论是修心,还是修脑,最后必须落实到行动上。修心是让自己的内心合乎天道,修脑是让自己的思维合乎事物本身的发展逻辑。

天道就是事物发展变化的内在规律,人性就是人之所以成为人的内在属性。中国古代哲学思想中一个重要的命题就是天人同构、天人合一。人从天道那里所获得的天理就是人的本性,因此,符合天道也就符合了人性。

如果让私欲左右了自己的思想,本心就会偏离了天道,因此,修炼本心就是摒弃物欲、达致良知。如果本心正确了,做人做事就会合乎天道与人性。

道与德

道，就是事物发展变化过程中所遵循的规律；德，就是人们在行动过程中所遵循的规则。道是规律，德是规则。道与德是密不可分的一个事物的两个方面。修道与修德是同时的。

☞ 随笔

◎善待他人、体谅他人，便能在世俗中得到内心的宁静。
◎心中有大爱、头脑想奉献、行动多向善，就能成为一个道德高尚的人。

多和自己在一起

在喧嚣烦躁的社会环境里，在充满功利主义的现实中，想和自己多待一会儿，都是一件困难的事情。有多少人愿意和自己在一起，又有多少人能够和自己在一起？对于喜欢和自己在一起的人来说，这是一件奢侈的事情。如果一个人总是不能和自己在一起，就不能静下心来认识自我，更不能完善自我、突破自我、发展自我。

☞ 随笔

◎好的出发点不一定能够做对事情，但如果做对事情，出发点一定是对的。
◎在不该坚持的时候坚持了，在不该放弃的时候放弃了，就会与成功无缘，人的成功往往取决于正确的选择。

忍让与宽容

忍让，就是即使别人伤害了你，你也能压住心中的怒火；宽容，就是你对别人的伤害发自内心的没有愤怒，从心里不去计较。忍让是一种修养，宽容则是一种境界。

> **随笔**

◎烦躁和狂热都可以使人远离真正的自己。

◎每个人都应该培养自己质疑、求真、创新的优良品质，而不能膜拜权威、顺应世俗、固守传统。世界上没有一个没有缺点的人，也没有一个全是缺点的人，既不能全盘肯定一个人，也不能全盘否定一个人，非黑即白的方法论是极端错误的。

◎每天都要想今天做了什么有益的事情，不要埋怨别人做了哪些无益的事情，更不能为自己没做成有益的事情找理由。

◎当我们没有做好一件事情的时候，往往埋怨客观条件差，或者说自己的能力水平不够。其实真正的原因是担当精神和热爱程度不够。

◎当你专注于自身的责任时，就会看淡利益，宽容别人，获得快乐和幸福。

◎想干事是动力，会干事是方法，干成事是行动。对于不想干事的人，你告诉他们什么方法都无济于事，更谈不上真正的行动了。

◎相信自己，解放自己，依靠自己，挑战自己，突破自己，发展自己。

◎想干、会干、真干，才能干成。只有想干才能全力以赴，才能解决会干和真干的问题。想干是动力，会干是条件，真干是保证，干成是目的。

◎别人的拒绝与不理解并不可怕，可怕的是你不愿意为自己的梦想做出改变。

◎无论你的圈子多大，如果没有书和自己这两个朋友，那么一路走过来，你还是会感觉孤独，甚至远离快乐。和书在一起就是和伟大的心灵对话，和自己在一起就是和自己心灵对话，两个对话都是自我成长的重要途径。

◎想做事的人满眼都是机遇，不想做事的人满眼都是困难。

◎自己反复说的事情，不一定能够做到。能够做到的事情，也没有必要反复去说。多做少说是修炼的"王道"。

◎只要你真正地爱自己，就会有一种很神奇的力量——你发出的爱的电波能够吸引你爱的人和爱你的人。

◎一切从实际出发，关键要知道实际是什么，不然即便出发了，也会事与愿违、事倍功半。

◎如果有人向你泼一盆冷水，千万不要泼回去，而应冷静地反思自己。

◎人之所以总是负重前行，就是因为放不下那些应该放下的东西。但由于人性的弱点，往往很难放下那些世俗的东西。

改变

先改变自己，再去改变那些想改变自己的人，然后去改变那些可能改变的人。别浪费时间去改变那些不想改变的人和根本改变不了的人。别忘了在改变别人的过程中改变自己。

随笔

◎总是看到比自己优秀的人，说明正在往高处走；总是看到比自己差的人，说明正在走下坡路。

爱与幸福

幸福感欠缺的人，不是因为别人对他关爱得少，而是自己心中爱的能量不够；充满幸福感的人，不是因为别人对他关爱得多，而是因为别人感受到了他心中的真爱，才真正地去爱他。不是得到的爱越多越幸福，而是内心拥有的爱越多越幸福。

换位思考

换位思考是处理人际关系的最基本的方法，如果总是从自己的立场和感受出发，那么你的执拗会让你失去许多不该失去的东西。

随笔

◎在实践中体验，在静修中感悟，在感悟中成长。

◎不能总是等暴风雨过后再去做事,而是应该在暴风雨中磨炼与历练。

◎人只有在经历了人生种种磨砺之后,才会褪尽表面的浮华,以一种谦卑的姿态看待这个世界。

◎宁静是一种力量。不被"五欲八风"扰动,因为"志不在此",当我们内心有了超越世俗的理想,并心有所止时,就能够获得真正的宁静与深沉的幸福。

◎浮躁是因为生命缺少根。无根,水中的浮萍永远随波逐流。有根,树木就能屹立不倒、不断成长。信仰,就是一个人生命的根。丧失了信仰,就难以坚守、难以幸福。

宽容

做到宽容,才有宁静。人心如江河,窄处水花四溅,宽时水波不兴。做到宽容,才能痛而不言、笑而不语,无论多少委屈,"一笑泯恩仇"。宽容,让烦恼融化在心底。

吾日三省吾身

是否接受了正能量,是否增长了智慧,是否付诸行动。

杯子

一只玻璃杯,当它装满牛奶的时候,人们会说"这是牛奶";当它改装菜油的时候,人们会说"这是菜油";只有当它空置时,人们才看到杯子本身,说"这是一只杯子"。同样,当人们心中装满成见、财富、权势的时候,就已经不是自己了。人往往热衷拥有很多,却往往难以真正地拥有自己。

随笔

◎没有两头都一样甜的甘蔗,离地越近的那一头肯定更甜,因为根部深扎在地里，能获取大量养分。

◎人不能做两件蠢事：一是拒绝读书学习，忽视灵魂提升；二是拒绝体育运动，忽视身体健康。

◎当你还没有看清事物的本质，还没有看清自己的本质的时候，就不可能摆脱虚荣的迷惑。

◎所谓脱俗，就是深陷世俗后的醒悟，从世俗中跳出来，看清、看淡世俗的一切。脱俗之前必须经历过世俗，甚至是经历过大俗，没有经历世俗谈不上脱俗，更谈不上心灵的自我觉醒。

◎如果一个人的时候也很快乐，可以和自己相处及对话，能够做自己最好的朋友，享受自己的陪伴，享受一个人的快乐时光，那么便没有人能够夺走他的幸福。

◎学会和自己独处，心灵才能得到净化。独处，是灵魂生长的必要空间，只有静下心来，才能回归自我。心灵有家，生命才有路。只有学会和自己独处，心灵才会洁净，心智才会成熟，心胸才会宽广。独处，既是一种静美，也是一种修炼。能够在独处时安然自得，才会在喧嚣时淡然自若。

◎走不到深处就不可能有深刻的感悟和感动，走不到高处就不可能看见更多的风景。

◎不断攀登高峰的人，不是想让整个世界看到自己，而是自己想看到整个世界。

◎很多时候，嘴上的张狂往往都是为了掩饰自身的无能。

◎世界上最远的距离，就是知与行之间的距离，说到容易，做到难，即知易行难。

◎当你真正感觉到肩上责任的重大，就会有勇于担当的精神、攻坚克难的勇气、求真务实的作风、追求卓越的品质。

◎争论也好，辩论也罢，都是为了明辨是非。如果已经知道孰是孰非，就没有必要再与别人争论了，要遵从自己内心的正确认识，持之以恒地行动，而不要浪费时间与别人争论高低。

◎真正的强大不是攻击别人，而是让别人没有办法攻击你。

仁者

做正确的事情，是仁者本心的自然呈现，是仁者的内心需求，并非因为是好事他才去做。仁者不做违背天理和德性的事情。

> **☞ 随笔**
>
> ◎我们不但要善于从肥沃的土壤中获取营养，而且善于在贫瘠的土地上磨炼与反思，这样才能实现自我成长。
> ◎没有自我觉醒，就没有自觉和自律，就没有自我成长。
> ◎任何前面的牵动和后面的推动，都不可能代替内在的动力，就如同没有发动机的车，永远不可能走远。
> ◎一辆车要到达目的地，一要有目标，二要有方向，三要有动力，四要有燃料，五要不断前行。
> ◎德之不修，学之不讲。现实中，一些人对所传授的东西，自己都没有心身体认，只是用口传授，这种没有能量的传授不会与学生同频共振。

渐修与顿悟

渐修与顿悟，是成长从量变到质变的过程。在学习与实践中渐修，在迎接挑战与攻坚克难中顿悟。

艰难困苦与大彻大悟

人在最艰难困苦之际，甚至在走投无路时，最容易大彻大悟而达致良知，因为这个时候人的私欲最小、心体最清澈。

天道与人道

天道即自然法则，不偏不倚，中正平和。人道即人的行为规则，符合道德。人道与天道合一，即大德的圣人境界。天道与符合大德的人道中间，有一条难以逾越的鸿沟，就是私欲。如果用天理把鸿沟填平，人就能进入大德的圣人境界。

> ◎当鸟翼系上黄金时，鸟就飞不远了。

理与礼

理是道的呈现，礼是理的表象。人们对道的认识永远不可能穷尽，只能无限接近天道。因此，理不是固定不变的，礼也随着理的变化而变化。

> ◎苍蝇，昼夜不分地叫个不停，弄得自己口干舌燥，然而却没有人愿意倾听它们的声音；而报晓的雄鸡，只在黎明时高歌，天下的人却闻鸡而起。
> ◎道不远人，法不远义，和不远礼。

最高境界

人自主发展的最高境界不在于战胜别人，而在于战胜自己，并影响和提升别人。

五项修炼

内修素质，外修气质，挖掘潜质，抓住本质，实现宗旨。

道与诚

"道"的本质是"诚"。道，是万事万物运行的规则；诚，是不论在什么情况下，都会按照自己的规则运行。例如，太阳从东方升起，没有人怀疑太阳今天会不会升起。

◎养生不如养心，接受帮助，不如给予帮助。

一段对话

有人问我：世界上有没有鬼？我说：有。问：鬼在哪？我说：在每个人的心中。问：鬼什么样呢？我说：鬼和良知的长相正好相反。当一个人在某个方面违背了良知的时候，那个方面的鬼就在心中产生了。鬼实际上就是人在违背天理良知后的自我谴责、自我恐惧。如果一个人始终遵从良知做事，心中的鬼就无处可藏了。

自控力

只有情感与理性高度统一，才能真正形成自控力。

自我革命

一个人、一个团队，要想成长与成功，就必须有自我革命的精神和能力，通过心灵革命、观念革命、行动革命，不断自我完善、自我更新、自我发展。

做更好的自己

每个人都应该自知、自信、自强，找准自己在社会坐标中的位置，展现更好的自我形象，不断在实践中实现自我。

正者无敌与勇者无惧

正而不勇,面对阻力,难以攻克,难成大事;勇者无惧,处处险滩,百呼不应,必败无疑;既正又勇,一呼百应,所向披靡,战无不胜。

道路

找到一条正确的道路不容易,把正确的道路走好更不容易。只有在正确的道路上不断坚持发展和完善,才能越走越远。

担当

担当就是不怕牺牲个人利益,敢于攻坚克难做正事,敢于得罪小人正风气。

道

道乃真理,闻而知道,学而见道,修乃悟道,用乃证道。

解行同一

对于一个问题,你理解到什么程度,行动上就会做到什么程度。深解深行,浅解浅行,正解正行,错解错行,即解行同一。

☞ 随笔

◎独处,但不感到孤独的人,内心一定是丰富的,也是清静的。他们往往利用独处的机会不断整理自己的内心,让自己的内心清静而不杂乱。

◎好心态不是听道理听出来的,而是经历沧桑后的豁然开朗。

◎一个人真正的资本，不是美貌，不是金钱，不是学问，而是自带的，不会随着岁月变迁而消失的"精神长相"。

◎负能量的人，经常是人前说狂话，人后说闲话，总是认为自己比谁都强，总是喜欢说别人的长短曲直。

道德

道靠悟，德靠修。道德，不可能靠说教而形成。

随笔

◎寸有所长，尺有所短。小人总是以己之长比他人之短，骄傲自满，放弃学习，故步自封；君子总是以己之短比他人之长，取长补短，不断提升。

◎小人总是把君子的善良当软弱，他不懂那是一种大度；小人总是把君子的宽容当懦弱，他不懂那是一种慈悲。

◎大音希声，大象无形。成长始于沉默，学会沉默是强大的开始。

◎一个人只有站在价值的制高点上，才能不断焕发出生命的活力。

◎只有善于独处的人，才能提升自己的灵魂。在独处时读书，与古今圣贤对话，用圣贤的思想净化自己的灵魂；在独处时写作，与自己内心对话，把外在实践转化成内在的灵魂；在独处时反思，与心中信仰对话，从心中汲取精神力量。

爱

大爱是一种发自内心的关爱，而不是居高临下的同情、怜悯和抚慰。

随笔

◎小人永远无法解读圣者的简单，他们往往把圣者的简单理解成单纯。

◎不要轻易把别人看轻，那些高深莫测的人看上去往往平平无奇，与别人相处时也往往和和气气。

小我与大我

当小我膨胀的时候,带来的是困难与苦难;当大我升起的时候,带来的是好运与幸福。

> **随笔**
>
> ◎圣者之所以喜欢独处,是因为他们习惯于从自己的内心吸取力量;凡者之所以喜欢喧嚣,是因为他们希望从外界收获能量。
> ◎做同样的事情,由于出发点和归宿点不同,因此格局和境界就不同。
> ◎和善是最大的武器,无论遇见怎样难缠的人、怎样难解的局面,和善总能释放出神奇的魔力。
> ◎人要在简朴的生活中追求自己灵魂的高贵。自己的精神层次越高,活得就越简单幸福。
> ◎庸者畏果,圣者畏因。庸者见果不知因,圣者见因便知果。
> ◎不要空谈理论,要善于在事上磨炼。无论是春风得意,还是深陷低谷,都要懂得精神回收和丰富自己的灵魂,让自己的人生散发人性的光芒。
> ◎不经过艰难攀登,就不会有更高站位;不经过风雨兼程,就不会有大格局;不经过惊涛骇浪,就不可能做到宠辱不惊。
> ◎谋大事者必先布大局。真正拉开人与人差距的,不是聪明,而是眼光和格局。

做事原则

做事情应该以是非和善恶为标准,而不应该以别人的评价为标准,因为不论你做什么事情,不可能得到所有人的赞同。

> **随笔**
>
> ◎大爱是快乐的源泉,是无条件的爱,是发自内心的付出,而与别人对你是否付出、是否感恩没有关系。

◎古语常说：水深不语，人稳不言。沉默，是看透之后的不言，是看淡之后的不争。

◎没有真正经历过人生酸甜苦辣的人，很难产生同情心和同理心，也很难做到换位思考。

◎大量的拥有往往不能让自己的内心获得宁静与满足。如果你卸下伪装的面具，静静地独处，回归自我，就会感知到灵魂深处的平静。

◎跟自己过不去就是自己内心的矛盾无法化解，这就是所谓内耗。凡是不能从内耗中解脱的人，都很难成就大业。

◎人总是喜欢追逐外在的东西，在追逐的过程中，往往迷失自我，甚至失去自我。其实，人最不应该失去的就是自我，有了独立的自我，一切才有意义。

◎义者，宜也，就是在恰当的时候、恰当的场合，用恰当的方式，做恰当的事情。无论你的主观愿望多么美好，离开"义"，将没有任何意义。

◎越简单，就越容易拥抱变化；拥有越少，就越容易改变。

诚

天道的最基本特征是诚，它按照自身的规律运行，没有任何目的。人若能从自己的良知出发，不自欺，做到诚，就是符合了天道。

随笔

◎真诚即天道，真诚即力量，真诚即智慧。

◎修养就是能够换位思考，发自内心地为别人着想。能够体现一个人修养的就是他对待弱者的态度。

◎在现实生活中，被理解是偶然，被误解才是常态。因此，我们必须通过修炼达到"人不知而不愠"的精神境界。

◎真正成熟后，炫耀自己唯一的方式就是低调。

◎简单，不仅要成为我们的生活态度，还必须成为自己的生活方式。要敢于并善于放弃一些世俗的东西，让自己的心灵上升到一种新的境界，以获得真正的快乐。

◎越是修养高的人，就越是低调谦卑。因为他内心的光很明亮，既能照亮自己，也能照亮别人。

◎有一种心境叫丰富的单纯，这种单纯接近天道，能给他人的内心带来无穷快乐。有一种心境叫贫乏的复杂，这种复杂充满私欲，能给他人的内心带来无限烦恼。

◎人与人之间交往，如果说有技巧，那么唯一的技巧就是真诚。真诚胜过任何善巧。

情的三种境界

薄情，不顾及他人利益，凡事从自己利益出发；深情，用真情对待周围的人，善于换位思考；忘情，不为情牵、不为情困，具有超越世俗的大爱情怀，达到豁达洒脱的人生境界。

诚与明

由于真诚而明白道理，叫自诚明，是人的天性；由于明白道理而真诚，叫自明诚，这是学习和修炼的结果。

☞ 随笔

◎良知，既是人生的航标，又是人生的伟大力量。唤醒内心的良知，人生就不会偏离正确的方向，就会有取之不尽、用之不竭的力量。

◎仁者爱人，智者知人。能够心怀大爱、施爱与人者，就是仁者；能够换位思考、了解并理解他人者，就是智者。

◎改过需从心上发力，而非外力所为。知羞耻，知敬畏，就能有勇气改掉过失。

将心比心

君子的将心比心是从自己的良知出发而进行换位思考，去走进人的内心；小人的将心比心是从自己的私欲出发而进行换位思考，去揣摩别人的内心。

> **随笔**
>
> ◎现实中有一种好为人师的人，他们对自己讲的东西，往往没有深入了解，甚至没有听者研究得深透，就津津乐道地大讲特讲，结果贻笑大方。

仁者无敌

有大爱之心的人处处善待他人，没有人与他为敌。即使有人与他为敌，也不可能取胜。

> **随笔**
>
> ◎能量越大的人，越是谦虚、低调、温和。他眼里没有讨厌的东西，更不需要通过发脾气体现自己的存在感。
>
> ◎事情没有做好，人们往往归结为客观条件不好，或者自己能力不够。其实真正的原因往往是人们投入的热情和精力不够。
>
> ◎我们的现实生活可以是普通的，但不应该是平庸的，因为我们应该追求自己的心灵的提升。
>
> ◎一个人看不惯的事情越多，说明其格局越小；格局越大的人，就越能够包容，越能够反求诸己。
>
> ◎别人对你的讽刺和挖苦，如果你在意了，从心理接受了别人带给你的烦恼和气愤；如果没有接收，烦恼和气愤就仍然属于别人。

命

时、运、势三者的结合就是命。"时"是时机；"运"是天时、地利、人和；"势"是势差，势差越大，能量越大。

敬慎不败

敬，敬畏真理，敬畏责任。慎，小心谨慎，慎重始终。只有具备敬畏心，才能小心谨慎，从而立于不败之地。

> **随笔**
>
> ◎智慧不足，就会优柔寡断而多虑；德行不足，就会失去民心而多怒；诚意不足，就会失去信任而多言。
>
> ◎层次低的人有三个特征：一是脾气大，容易发怒；二是爱八卦，喜欢谈论他人是非；三是心量小，没有宽容之心。
>
> ◎小人总是为自己的过错找理由，君子总是反思自己的行为是否妥当，圣人总是关照自己的起心动念。
>
> ◎知天道，才知其本然；懂人性，才知其实然；明方向，才知其应然；修自身，方达必然。
>
> ◎一个人如果能够包容所有的不愉快，并能专注于自身的责任而不是利益，这样的人一定是站在了精神的高处而成为善良的人。
>
> ◎成功者的思维方式是反求诸己，失败者的思维方式是怨天尤人。成功者总是想通过改变自己进而顺应周围的条件和环境；失败者总是想改变条件，让条件和环境顺应自己。
>
> ◎教养，就是心里始终想着别人，善于换位思考，不给别人带来麻烦，让别人内心感觉舒服。
>
> ◎世界就是一面巨大的回音壁。你怎样对待世界，世界怎样反馈你；你如何对待别人，别人如何回报你。你付出的善良里，藏着你未来的路。
>
> ◎小人的痛苦在于他们看到的世界是昏暗的，君子的快乐在于他们看到的世界是光明的。无论是昏暗还是光明，都源于内心的昏暗与光明。

人不为己，天诛地灭

人们往往误解了这句话的意思，其实，这句话的真正意思是人如果不注重自己的修为，那么就很难在天地间立足。

> **随笔**
>
> ◎做事的三个层次：层次一，一切从我出发，只做对自己有利的事

情；层次二，主观为自己，客观为别人，做好事的最终目的是自己的利益；层次三，忘掉小我，心中装着大我，把为大众做事作为自己的快乐。

◎因果关系是不可改变的，种什么因，就会收获什么果。有良知的人畏因，唯恐种下恶因。

◎我们经常说以人为本，那么，人以什么为本？人须以天道为本。天道赋予人的本性就是良知。因此，人必须以良知为本，良知的外在表现就是仁、义、礼、智、信。

修行

人生就是一场修行。修行，顾名思义，一方面是修正自己的行为，让行为符合天道与人性；另一方面是在行中修心，让自己的内心不断得到提升。

能量定律

怀疑、否定、嫉妒你的人，是比你能量低的人；喜欢、肯定、欣赏你的人，是和你能量同频的人；理解、包容、成全你的人，是比你能量高的人。

天真

天真，像天道那样率真，是人生的一种境界。天真才能健康快乐。

☞ 随笔

◎人生最可怕的是失去自我，失去自我，还能有什么是属于你的。

◎在逆境时积攒力量，让自己的内心更加强大；在顺境时收集光芒，让自己的内心更加光明。

◎成功需要天时、地利、人和，切勿急躁，有的时候等待也是一种作为。

◎你对待别人什么样，是由你的价值观决定的；别人对你什么样，是由他的世界观决定的。千万不要期盼你对别人什么样，别人就会对你什么样。

我，你，他

处理人际关系，就是处理好我、你、他之间的关系。处理我与你、我与他、我与我这三对关系，核心是处理好我与我的关系。自己内心和谐，外界关系就会和谐。一切不和谐的原因，都是自己内心的冲突产生的。

☞ 随笔

◎远离纷繁复杂的世界，就不可能练就一颗强大的内心。没有一颗强大的内心，就难以在纷繁复杂的世界中保持定力。

爱的三个层次

层次一，自己不可爱，渴望得到别人的爱；层次二，自己可爱，不向外寻求爱；层次三，不但自己可爱，还无私奉献爱。

☞ 随笔

◎一个人的精神层次越高，心理越健康。心理越是健康的人，越通透豁达、柔和从容，越不屑于钩心斗角、蝇营狗苟，故而没有心机。

贤者与圣者

把自己的烦恼与困难作为提升自己心灵的阶梯，就是贤者；把自己和周围人的烦恼与困难作为提升自己心灵的阶梯，就是圣者。

凡者与圣者

凡者因看到而相信，圣者因相信而看到。

> **随笔**
>
> ◎提升心灵品质，是一个人终生发展的主题。今天获得的人生智慧，不仅仅是为了今后的人生更有意义，更是为了能够重新审视过去的得与失。

知识障

有些愚蠢是有知识的人才会有的。固化的知识形成僵化的思维而没有变成智慧，就会成为认识真实的障碍，即"知识障"。

> **随笔**
>
> ◎道德修养本身就是目的，而不是获得其他目的的手段，也不是为了获得别人的鲜花和掌声，更不能怕别人的嘲笑和诋毁。
>
> ◎如果心中装满怨恨，带给你的都是负能量。如果心中装满爱，带给你的都是正能量。只有培养自己的大爱情怀，才能不断获得正能量。
>
> ◎真正强大的人，不会把太多心思花在取悦和亲附别人上面。所谓圈子、资源，都只是衍生品。最重要的是增强自己的内功。只有自己修炼好了，才会有别人来归附。自己是梧桐，凤凰才会来栖；自己是大海，百川才来汇聚。你只有到了那个层次，才会有相应的圈子。
>
> ◎心有大"爱"，方能知大"道"、懂大"礼"、行大"善"、求大"成"。
>
> ◎体验是一场修行，每个人终究要从外面的世界逐渐走回内心世界，但是如果从来不曾走出去，又何谈找到回家的路。

圣人

何为圣人？仰观可知天道，俯察可知人性，内省可知良知，外行符合道德，即圣人。

第六篇
教育就是让学生真正成为人

教育就是让学生真正成为人，这是一切教育工作的出发点和落脚点。学生只有通过成长、成人、成才，才能拥有幸福成功的人生，才能成为社会主义建设者和接班人。

教育就是通过发现学生，从而读懂学生的天性；通过挖掘学生，从而找到学生的闪光点；通过唤醒学生，从而激发学生的巨大潜能；通过不断发展学生，从而让他们真正成为"人"。教育工作要从现实环境出发，整合各种教育资源，遵循学生成长规律，为学生成长提供条件，促进学生自主学习、自主管理、自我成长。

在教育教学中，应该坚决克服急功近利、片面追求升学率，努力培养学生的核心素养；应不忘"五育"并举、立德树人的教育初心，牢记为党育人、为国育才的神圣使命，一切为学生的终身发展负责，一切为民族振兴伟业负责，把教育发展与民族振兴统一起来。

人本教育

教师讲"三情",即激情、真情和才情;教学讲"三点",即点燃、点拨和点评;学习讲"三感",即感知、感悟和感动;成长讲"三成",即成人、成才和成功。

科学与公平

办好人民满意的教育,就必须考虑科学与公平。

两个"假如"

教育工作者的心中要始终牢记两个"假如"。一是假如这是我的孩子。把每名学生都看作自己的孩子,让全体学生全面发展,是教育工作者良心和真爱的生动体现。二是假如我是孩子。一切从孩子出发,读懂孩子,用孩子喜欢和需要的方式去爱他们,这样你爱得轻松,他们接受得也幸福;如果读不懂他们,用自己喜欢的方式去爱他们,那么你爱得疲惫,他们接受得也痛苦。

> ☞ 随笔
>
> ◎教育工作者的心中如果始终装着学生的成长,心中就会有爱、有道、有术,脚下就会有行。

教育的"一二三四"

坚持一个中心:一切以学生和教师的成长为中心。坚持两个基本点:坚持素质教育在课堂,坚持教为学服务。坚持三个理念:以人为本,以生为本,以学为本;坚持四个转变:由班级授课制向小组合作制转变,由做题向做事转变,由教师提问向学生展示转变,由碎片化教学向整体化学习转变。

教育的魅力

教育的最大魅力就是教育工作者始终受教育。学生好比一部内容丰富的长篇巨著。每一名学生都是一个完整的世界,每一个世界都是丰富多彩和与众不同的。教育过程中发生的故事,都会引起教育工作者的思考和感动,每一个思考和感动,都会让教育工作者的心灵得到慰藉,促使他们和学生一起幸福快乐地成长。

提醒与觉醒

教育就是靠不断的提醒,让学生觉醒,并转化成自律,从而不断获得成长与进步。

> 随笔
>
> ◎每名学生都想成为更好的自己,每名学生都能成为更好的自己。教育就是要帮助学生培养自信、激发潜能、找到途径、提供条件。

厌食与厌学

要想让别人厌食,最好的办法就是天天喂他,并且按照固定的程序喂他,让他失去过程的乐趣。从这个角度看教学,就会知道学生为什么会厌学。

口味与营养

人们所认为的美食,往往是就口味而言的,不是就营养而言的。不是有营养的东西,都是人们心目中的美食。对于学习来讲,学生喜欢学习的学科,往往是其感兴趣的学科,而不是这个学科究竟有什么用处。作为教师,单纯强调学科的重要性,难以真正激发学生学习的积极性,而是要想方设法培养学生的学习兴趣,让学生从兴趣出发去真正的学习。

随笔

◎教育就是让学生真正成为人。学习是学生自我成长的过程。教育工作者应该研究学生自我成长的基本规律，并让学生了解和掌握这条规律，让他们在面对现实环境时，可以自觉整合和利用现有条件，自主学习，自我成长。

◎任何物质条件（包括现代信息技术）如果不被教师所利用，不转化为教师的行为，都不可能转化为教育生产力。热衷于投入和追求条件的高大上，而不注重改变教师行为的做法，都不可能推动教育的健康发展。

◎优秀品质的核心是求真，有了求真精神就会有质疑精神，才能敢于挑战世俗、挑战权威、挑战传统、挑战自我，敢于挑战才能创新与发展。健全人格的灵魂是大爱，有了爱才能有包容之心、感恩之心。要把付出作为人生追求，把给予当作最大的幸福。

◎能力的核心是"改变"。世界上唯一不变的东西就是变化，要用变化迎接变化。善于改变自己的思想，让自己的思想更科学；善于改变自己的观念，让自己的观念与时俱进；善于改变自己的行动，让行动紧跟时代步伐。通过改变自己来改变周围的人，把自己正确的思想变成影响周围人的有效行动。

◎我们从来不反对提高学生的应试能力，但坚决反对聚焦考试的应试教育。

◎当人的成功与所受的教育没有太大的关系时，当教育不能真正促进人的成长、成才、成功时，我们就应该开始认真反思教育了。

◎教育应该让教育工作者和受教育者得到全面发展，成为有丰富知识、适应社会发展的能力、优秀品质、健全人格的合格人才。

◎只注重学习知识而忽视成长的教育，不是真正的教育；只注重少数学生的成长而放弃多数学生成长的教育，不是真正的教育；只注重学生的成长而放弃教师的成长的片面教育，不是真正的教育。真正的教育是关注师生的全面成长与发展，教师在成就学生的同时成就自己。

◎一门精专，多门精通。如果你满眼都是教育，就会从自然界、社会现象、人生轨迹中发现教育的意义。如果你真正懂得了教育，就会用教育哲学解读自然、解读社会、解读人生。

◎每一种生命都有其自然的美，在每一种生命的背后，都有其独特性格和精神作支撑，因此，挖掘每一种生命的意义，就是培养学生情感、态度、价值观的重要途径。

◎基层教育工作者既要仰望天空，又要脚踏实地，用正确的思想和观念武装自己，心中始终装着学生，始终不忘把自己的思想付诸行动，始终不忘用自己的思想和行动促进教育发展。

◎任何技术和手段如果不与思想观念高度融合，都没有实际意义。教育信息化只是给教育工作者提供了互联网工具，这种工具必须与教育思想观念高度融合，才能发挥作用。如果教育工作者不注重思想创新、制度创新、工作创新，而把希望寄托在硬件建设上，投入大量的资金，也只能让这些硬件在校园里长眠。

教育的"两点一线"

两点：出发点，一切以学生的成长为出发点；归宿点，以学生真正成人为归宿点。一线，以教育过程必须遵循学生身心发展规律为教育主线。

随笔

◎利用学生的差异，缩小学生的差距，这是教育的一项基本原则。
◎教育就是培育人的精神"长相"。
◎再好的教育也比不上学生内心的觉醒。

德、智、体、美、劳

"德"的表现形式是"爱与善"；"智"的表现形式是"真与道"；"体"的表现形式是"健与行"；"美"的表现形式是"简与悦"；"劳"的表现形式是"勤与践"。

随笔

◎任何发达的教育技术、丰富的教育资源，都不可能代替先进的教育思想和理念，教育现代化的前提条件是教育思想和教育观念的现代化。

教育的"两个三"

坚持三个面向：面向世界、面向未来、面向现代化。坚持三项服务：为社会主义现代化服务、为人民服务、为人的成长服务。

> **随笔**
>
> ◎没有教育理想，就不会有创造理想的教育。
>
> ◎河流之所以能汇入大海，一是总往低处流，二是遇阻则变通。教育要想解决问题，不外乎也是这两点：低调一点，变通一下。
>
> ◎教育技术与方法不能承载教育理念，就是路子不对，这样的"诲人不倦"就会成为"毁人不倦"。
>
> ◎教育就是教育工作者用符合人性的方法，让受教育者自己产生思考和思想，而不是把自己的思考和思想灌输给受教育者。
>
> ◎教育的最高境界是让学生在没有教育"划痕"的状态下，真正受到了教育。
>
> ◎教育无非是激发学生的正确需要，然后给学生提供获取的条件，让学生获得自己所需要的。
>
> ◎教育的"五大使命"：促进学生自主发展、个性发展、全体发展、全面发展、终身发展。

人与教育

人既是教育的起点，也是教育最高和最终的目标。

> **随笔**
>
> ◎说教永远代替不了体验，只有亲身体验到的东西才能刻骨铭心，才能真正触及心灵。
>
> ◎代表最广大学生的利益，一切为学生的成长与发展服务；代表最广大家长的利益，实现家长望子成龙的梦想。这是一切教育改革的出发点和归宿点。

生命安全与生命成长

关注生命发展,首先要关注生命安全,在生命安全的前提下,关注学生的生命成长。学校的安全工作必须警钟长鸣、常抓不懈。

关注与管住

好的教育提倡关注学生的成长,让学生快乐健康成长;而不是管住学生的手脚,让学生成为知识的容器和听话的工具。关注是一种爱、一种艺术、一种能量,管住则是一种对立、一种强制、一种独裁,好的教育一定是关注而不是管住。

> 随笔
>
> ◎教育的终端显示并不是今天学生的分数,而是明天社会的发展。
> ◎每一种花都有自己的花期,有的先开,有的后开,如果一直没开,它可能是一颗不开花的参天大树。

教育必须指向学生的心灵成长

教育如果不能培养出个人生命的自觉,就不能称为成功的教育。生命的自觉就是渴望做真实的自己、更好的自己,就是主动探索自己、培养自己、反省自己、发展自己,并最终成长为真正的自己。做自己,才是生命个体最大的成功。

教育职责

让每名学生按照自己的方式走上人们所相信的真、善、美之路。

教育的作用

对人的成长而言，教育是环境、条件、工具。教育能够让受教育者认识自我、改造自我、完善自我、发展自我。

求真与守信

求真是健全人格的核心，守信是健全人格的外化。没有求真与守信，社会就没有正气，民族就很难强大。

> **随笔**
>
> ◎教育不是把水灌满，而是把火点燃。

心、智、能

教育的三维目标的实质就是心、智、能。不能片面追求"智"，"智"如果不能承载"心"，不体现在"能"，教育就是失败的。修心是第一位的，德育就是"心育"，应该认真研究"心学"，而不是研究那些脱离"心学"的技术。

教育的基本职责

激发学生的正确需求，并为其获得正确需求提供条件，这便是教育的基本职责。

> **随笔**
>
> ◎教育的根本职责：发现、发掘、发展。发现学生，读懂学生的天性；发掘学生，找到学生闪光点；发展学生，让其真正成为"人"。
> ◎教育不是让学生必须成为什么样的人，而是帮助他们成为应该成为的那样的人，即让每名学生都成为更好的自己。

教育的最高境界

教育的最高境界，即在教育过程中，受教育者的感觉是无痕的，教育工作者和受教育者同时受到深刻教育。

教育的两大问题

一是让学生学习那些一生也用不上，但决定学生一生命运的东西；二是用一种简单的灌输方式，让那些有用的东西变得无趣。

教育即唤醒

教育活动就像激活和唤醒人体内巨大能量的电池。如果没有唤醒人们内心能量，教育活动便是失败的。

> **随笔**
>
> ◎如果教育工作者根本不知道离学生还有多远，怎么做到一切从学生出发？事倍功半的根本原因就是还不懂学生。
>
> ◎基础教育的基础性，就是为学生一生的发展和终身幸福奠基，而不是为一时的分数和考试成绩努力。
>
> ◎每个人都是天才。但如果用爬树能力来断定一条鱼有多少才干，那么它一生都会认为自己愚蠢不堪。
>
> ◎好的教育就是热爱教育的校长和热爱学生的教师一起陪伴学生健康快乐地成长。
>
> ◎教育的一项重要职责就是把外在的规则内化为内在的习惯。
>
> ◎唤醒主体，尊重个性，是教育永恒的主题。
>
> ◎让学生处于学校工作的中心，学校的一切工作要指向学生的现在与未来。
>
> ◎教育的目的是促进生命成长、追求生活幸福、实现生长自然。

◎培养什么样的人，是教育的基本问题。培养具有大爱情怀、求真精神与能力、言行符合社会道德和事物发展规律的人，也就是具有真善美特质的人，才能真正适应学生自身发展、符合社会发展需求。

◎教育如果忽略了对学生基本人格、基本道德、基本情感的培养，那么就会导致有些学生对生命和世事愈来愈冷淡、冷漠甚至冷酷。

◎教育的责任就是培养有责任感的人，即培养有责任主体、责任思维、责任能力、责任品质的人。

◎教育就是通过"教"的手段达到"育"的目标。我们往往只关注手段，而忘了初心，一味地灌输知识，这样容易让受教育者"营养不良"，造成思想、心灵、身体畸形。

◎教育教学的四项核心工作：课程建设、课堂建模、思想构建、现实践行。这既是每一名教师的核心工作，更是教师成长的基本路径。

◎教育通过提升人的生命质量，为社会提供各种人才，促进社会变革与进步，实现其社会功能。

◎学校通过教育让学生认识自我、完善自我、突破自我、实现自我。

◎不能打着"教育公平""教育均衡""一视同仁"的幌子，扼杀"因材施教"的本质。

◎孩子心灵上的许多印记，都是成人无意间烙下的。

◎一切从孩子出发，就是把学生当作自己的孩子，把自己当作孩子，换位思考，不可把成年人的想法强加给孩子。

◎教育工作者要把对学生的深爱变成美好的期待，这种期待一定能够产生奇迹。

◎积极的心理暗示可以成就一个人，消极的心理暗示可以毁灭一个人。教育必须时刻传递给学生正能量，让学生产生积极的心理，让这种积极心理伴随学生快乐健康成长。

◎把爱转变成对学生的高度关注，把关注转变为美好期待，把美好期待传递给学生，让学生产生积极的心理，让这种心理伴随学生健康快乐成长。没有爱就没有关注，没有关注就没有期待，没有期待就没有正能量，没有正能量就不可能让学生产生积极心理。一句话，没有爱就没有教育。

办人民满意的学校

让家长了解学校、关心学校、支持学校，参与学校决策与管理，参加学校重大活动。在教育教学过程中形成"家校一体"，提高家长为孩子成长服务的水平，把学校建设成学生的家，把家建设成学生的学校，从而真正实现学生成长、教师发展、家长提升。

◎好教育是写在脸上的：写在学生的脸上，写在教师的脸上，写在家长的脸上。

◎教育要走向堕落，有无数个理由，因为通向功利主义的道路有万种千条；教育要走向成功，只有一个理由，那就是让学生真正成为人，走上成长、成才、成功的道路。

◎爱是教育的逻辑起点，没有爱就没有真正的教育；兴趣是学习的逻辑起点，没有兴趣就没有真正的学习。教育就是用爱唤醒学生内心的学习兴趣，让学生快乐成长。

◎教育工作者的真正幸福，是成就学生的同时实现自我成长。

办学的两大主题

一是公平，让所有的孩子都享受到同样的教育资源；二是科学，顺应学生发展天性，遵循教育规律办学，不断提升教育质量。

◎教育的三大主旋律：强心、开智、正行。

责任

教育工作者的"两个肩膀"：一个肩负着学生的希望，另一个肩负着家长的期望。

> 随笔
>
> ◎只有实现全员育人、全面育人、全程育人、全科育人和全域育人，才能提高学生的生命状态和质量。
> ◎真正的教育，是自由的精神、公民的责任、远大的志向、批判性的独立思考、时时刻刻的自我觉知、终身学习的基础、获得幸福的能力。
> ◎思想解放越彻底，教育信念越坚定，教育行动越自觉。
> ◎深刻的教育一定来自学生的深刻体验，有体验才能有感觉、有感知、有感悟、有感动。
> ◎教育是科学，科学体现在课程建设方面，解决学什么的问题。教育是艺术，艺术体现在课堂方式方面，解决如何学的问题。

有趣与有用

进入新高考模式后，学生如何选择学科？一是要选择自己喜欢的学科，也就是感兴趣的；二是要选择对自己将来职业和终身发展起关键作用的学科，也就是有用的。选择有趣且有用的学科才可能取得高分，考入自己理想的大学。

> 随笔
>
> ◎学校应该是学生和教师共同快乐成长的地方，而不应该仅仅是学生做题和教师讲课的场所。

呈现与成长

学校要不断创造条件，为教师和学生搭建呈现自己成果的平台。呈现就是展示，只有呈现才能成长。

关注

教师不但要关注学生所学的知识，而且要关注学习知识的学生。

> **随笔**
> ◎教育要为不一样的学生提供不一样的教育，让学生更加有特点。

三个"有利于"

有利于学生成长、有利于成就教师、有利于学校成功的事情，就是正确的事情。

> **随笔**
> ◎教育是事业，事业的意义在于奉献；教育是科学，科学的价值在于求真；教育是艺术，艺术的生命在于创新。奉献就是心有大爱，爱就是温度。求真就是探索规律，规律乃角度。温度与角度的融合，乃教育艺术。
> ◎教育的魅力在于教育工作者始终受教育。

唤醒与期待

教育就是用唤醒的方式，不断得到我们期待的结果。期待就是充满希望的等待，不可拔苗助长，等待需要智慧。唤醒不是说教，是用爱心挖掘学生内心蕴含的能量。给学生留下什么样的世界，取决于我们给这个世界留下什么样的学生，今天我们所给予他们的，一定是明天他们给予世界的。

建设"心学校"

一切从心出发，通过文化育心、学科明心、活动修心、管理暖心、协同强心，努力建设"心学校"。

普通而神圣

教育的现实生活是普通的，但又是神圣的，因为这普通的生活与学生的成长、成才和成功密切相关。

> **随笔**
>
> ◎只有揭开人类心灵的神秘面纱，才能真正理解教育的真谛；只有潜入人类灵魂的最深处去感悟生命的真谛，才能找到教育的力量。
>
> ◎教育，就是不断挖掘人性中本来就有的美好的东西，让人性的光芒呈现在现实中。

差距

教育的最大误区，是把学生之间的所有差距都归结为学生之间的智力差距。其实，学生之间的差距是心灵的差距，要想缩小这一差距，唯一有效的办法就是让学生内心强大，优化非智力因素。

课程建设与课堂建模

吃什么和如何吃，这两个问题都很重要。如果吃什么不变，如何吃就决定了饮食的质；如果吃什么可以变化，那么吃什么就比如何吃更重要。课程改革有两项任务：一是课程建设，指实现国家课程校本化，相当于吃什么；二是课堂建模，指教师如何教、学生如何学，相当于如何吃。

"三基"

让学生掌握基本知识、基本技能、基本方法，这是最基本的要求。基本知识，就是让学生准确掌握知识点；基本技能，就是让学生学会构建知识体系；基本方法，就是让学生掌握考试的技巧和解决问题的方法。贯穿"三基"全过程的是培养学生的思维能力和核心素养，无论哪一个学科，最重要的不是传授具体的知识，而是科学地进行学法指导，不断提高学生的能力。

减负

不要把减负简单地理解为减量，学生的书包重量减轻了，学习的质量下降了，这样的减负没有任何意义。减负应该从增趣和提效两个方面入手，即增强学生的学习兴趣，让他们喜欢学习，学习就不再是负担；通过提高课堂效率，减少学生的精神流失率，提高学生的目标达成率。这才是真正的减负。

四大规律

教育工作者必须把握四大规律：社会发展规律、社会主义发展规律、共产党执政规律、学生成长规律。只有把握这四大规律，才能明确教育的三个基本问题，即为谁培养人、培养什么样的人、怎样培养人，明确了这三个问题，才能真正做好教育。

教育规律

把社会发展规律、自然界发展规律、学生成长规律有机地结合起来，就是教育规律。

唤醒

每个人都需要被唤醒，每个人都能被唤醒，每个人内心沉睡的力量一旦被唤醒，就会具有无穷的力量。

教育的目的与手段

教育发展存在不平衡和不充分的问题，原因之一是不能满足学生差异化的需求。如何满足学生差异化的需求，让全体学生全面发展？分层教学、特色发展、多样化办学等，都是为了满足学生差异化的需求，让不同潜质的学生得到充分的发展。这些举措都是方法和手段，而不是目的。

"三坚"与"三念"

坚定立德树人的教育信念，坚守让全体学生全面发展的教育理念，坚持用大爱育人的善念，为学生的成长、成才与成功奠定良好基础。

爱是教育的灵魂

一名教育工作者如果不能深深地爱着自己的学生，教育就不可能真正发生。爱是一种能量，能够融化学生内心的坚冰；爱是一把钥匙，能打开学生心灵的大门。

> **随笔**
>
> ◎初心：让全体学生全面充分发展，让每名学生都成为更好的自己。使命：为中华民族伟大复兴培养德智体美劳全面发展的优秀人才。

逻辑

只有符合逻辑的东西，才能被人们真正认同。现实逻辑与理论逻辑达到统一，才是真正的符合逻辑。

流程与产品

决定产品质量的因素：一是材质，二是流程。工业流程是把相同材质的东西变成同样的标准件。科学的教育过程是让不同的学生更加不同，让每名学生都成为更好的自己。

教育的"三个面向"

教育只有面向人性、面向生命、面向成长,才能做到面向世界、面向现代化、面向未来。

动力与制动

教育要不断培养学生的动力系统和制动系统。动力系统就是学生自我发展的内驱力,制动系统就是学生的自我约束能力。有了这两大系统,能为学生的发展奠定坚实的基础。

读懂才能真爱

读懂孩子,才能用孩子喜欢的方式去爱孩子,这种爱才能成为孩子成长的动力与方向;不懂孩子,只能用自己喜欢的方式去爱孩子,这种爱只能成为孩子的精神负担。

情感、态度、价值观

情感是心灵的感动,以实践与体验为基础;态度是心灵的感知,以思考与判断为基础;价值观是心灵的感悟,以体悟与体认为基础。情感属于感性认识,态度和价值观属于理性认识。态度是理性认识的低级阶段,价值观是理性认识的高级阶段。

教育特色

所谓教育特色,就是从自己学校的实际出发,用自己特殊的方式,实现教育本色。

差之毫厘，谬以千里

教育理念如果在源头上产生差别，就会造成教育结果上的重大差别。强调"塑造"，就会让不同的学生变成同一种人，造成千人一面。主张"成长"，就会培养出适应社会需要的合格人才。真可谓"差之毫厘，谬以千里"。

人格，品格，性格

教育的首要任务是让学生成人，即培养学生健全的人格、优秀的品格、成熟的性格。只有先成人，才能成才与成功。

> **随笔**
>
> ◎只要教育工作者的内心深处对学生有深深的爱，其言行就一定带有强大的能量，这种能量也会被学生真切地感受到。
>
> ◎教育工作者，只要心中有大爱，就会永远不倦怠，就会变困难为动力，在苦涩中找到甘甜。

学生安全

教育是促进学生生命发展的伟大事业，保证学生身心安全是教育的底线，如果学生的身心安全都得不到保障，谈何生命发展。身体安全是安全工作的重要方面，探究如何用物防、技防、人防的手段，保证学生身体安全，是必须做的事情。心理安全也是安全工作的重要内容，不能把安全工作片面地理解为身体安全。无论学校的安全措施如何到位，如果学生的心理出现问题，也是安全工作不到位的表现。学校必须协同家长和社会，做好学生的思想教育和心理疏导工作，确保学生心理安全，这样才能保证学生的身心安全与健康发展。

素质教育与应试教育

过去,我们一直把素质教育与应试教育对立起来,原因是过去的考试重点是知识,而没有很好地体现素养考核。现在考试制度进行了重大改革,重点考察学生的素养,这就必然要求培养方式与考试方式相契合,因此要大力推进素质教育。

> **随笔**
>
> ◎教育需要宁静和干净,让学生顺应规律成长。
>
> ◎反对唯分数论,就是不能只看分数,更不能不看分数。教育质量的评价不但要看分数,还要看分数以外的学生成长过程中的其他重要指标。
>
> ◎办好教育必须一切从实际出发,不能一提到继承传统,就放弃创新而守旧;一提到借鉴经验,就脱离实际而照搬;一提到追赶先进,就踩着别人的脚印而盲目追随。
>
> ◎当教育工作者与受教育者之间的信任亮起了"红灯",沟通的渠道就会逐渐被堵死,"问题学生"的问题也就无法解决了。
>
> ◎一所学校得以持久发展的深层力量,就是全体师生的共同文化认同和价值追求。如果每名师生都能够把共同的文化认同和价值追求内化成自己的精神追求、外化为自己的自觉行动,这所学校就会有无限的发展潜力。
>
> ◎许多人喜欢研究教育的小善巧,而不在"道"的层面下功夫。小善巧属于"术"的层面。道不变,小善巧多变。只有坚守正道,多变的小善巧才能发挥作用。
>
> ◎教育就是把真善美的种子播种到学生的心田中,然后提供各种条件让种子发芽、生根、生长、开花、结果。
>
> ◎教育就是通过改变人的视野、格局和思维方式来改变人的内心世界。通过改变内在世界,从而获得对外在世界的新的认知。

不变与变

教育必须坚持不变与变的辩证法,不变的是教育理想,变的是现实中不理想的教育方法。

> **随笔**
>
> ◎教育的每个当下都必须致力于促进学生生命的绽放,并为学生生命的进一步绽放奠定坚实的基础。
>
> ◎我们正处在实现中华民族伟大复兴中国梦的新时代,教育必须用民族梦想激发学生为祖国奋斗的个人梦想,帮助学生筑梦、追梦、圆梦。
>
> ◎教育就是要唤醒学生心灵深处的天赋潜能和内在力量,让学生从蒙昧中醒来,而不是一味地通过外力强行让学生学习。
>
> ◎教育的目的不在于传授和灌输外在的、具体的知识与技能,而是要从心灵深处唤醒学生沉睡的自我,促进学生以实现自我生命意义为目的,自觉建构自己的世界观、人生观和价值观。

建设者和接班人

我们的教育要培养德智体美劳全面发展的社会主义建设者和接班人。不能把培养建设者和接班人理解成培养两种人:一种是普通的劳动者,即建设者;另一种是领导者,即接班人。建设者和接班人是从两个纬度说的培养目标。从为党育人的角度说是培养接班人,从为国育才的角度说是培养建设者。

教育的变与不变

"五育"并举、立德树人、为党育人、为国育才,这是我们永远不变的初心与使命。思维方式、管理方式、育人方式、评价方式,这些完成使命的方式要不断改革创新。

随笔

◎学校德育的根本任务是引导学生不断去认知、体验、内化和建构积极的价值观,并在认同的基础上付诸实践。

◎育人的根本在于育心,育心的根本在于用心。因此,教育工作者首先必须修炼自己的内心。

◎每名学生在成长过程中都希望前面有可以追随的影子和仰慕的标杆,教师如果能够成为这样的影子和标杆,便是教育工作者价值的一种体现。

◎教育是一项系统工程,学校教育不但要教育好学生,还要不断引导家长如何教育孩子,形成家校共育,这样才能发挥教育的整体功能。因此,好的教育不仅影响学生,还会引导和影响家长。

◎欲速则不达。在教育过程中追求立竿见影,就会让教育离开本真,甚至走向它的反面。

◎每所学校都有自己独特的历史、文化、校情,要走自己独特的发展道路。

◎学习的最高境界是自主学习,管理的最高境界是自主管理,发展的最高境界是自主发展,教育的最高境界就是激发学生的自主性。

◎学校只有成为温暖教师心灵的地方,教师才能成为自觉传播美好的人。

◎"五育"并举,并不是德智体美劳五个方面并列地、相互独立地发展,而是"五育"融合,在德智体美劳任何一方面的教育中都有机渗透其他一个或多个方面。

◎教育的根本任务是立德树人,就是帮助学生获得身心的解放和健康的发展。也就是说,教育是让人获得解放和发展的伟大事业。

◎教育如果打着爱的旗号给学生戴上精神的枷锁,禁锢和阻碍学生的身心发展,就背离了其初心和使命。

◎没有爱就没有教育,爱是教育的灵魂。不要以为所有的给予都是爱,给予别人需要的才是爱,给予别人不需要的就是枷锁。

◎教育无小事,教师的每一句话、每一个行为可能会在学生的心田埋下一粒种子,影响学生一生的成长。

> ◎教育是把学生本身固有的潜能挖掘出来，让学生散发出内心的光芒。
>
> ◎教育不应该把课堂当成世界，而应该把世界变成课堂。
>
> ◎我们想给学生什么样的人生，就应该给学生什么样的教育。今天学生受到什么样的教育，明天就有什么样的人生。
>
> ◎学校教育的最终目的不是把学生培养成知识的容器、刷题的高手，而是培养学生正确的价值取向、优秀的品质、健全的人格、关键的能力。
>
> ◎遵循学生成长规律，落实立德树人，引导学生树立正确的价值观；遵循学生认知规律，抓好课堂教学，培养学生的科学思维能力；遵循教师成长规律，培养有理想信念、道德情操、扎实学识、仁爱之心的好教师。

以人为本

教育必须以人为本。学校只有做到以教师为本，教师才能做到以学生为本。

教育即修行

修行，就是在"行"中"修"。在教育实践中，修自己的大爱情怀，即仁爱之心；修自己的教育智慧，即探索教育教学规律；修自己的教育行为，即不断地在继承中创新。

随笔

> ◎一切不能开启学生心智的行为，一切不能让学生不断觉悟的行为，都不能称其为教育，甚至会走向教育的反面。

学校特色与特色学校

学校特色，就是学校在某一个方面很突出，体现出某一方面工作的与众不同。特色学校，就是抓住整体工作中的一条主线，以此统摄学校其他各个方面工作，学校在整体发展上走出一条与众不同的道路。

> ☞ 随笔
>
> ◎学校要不断强化中华优秀传统文化教育，让学生更好地认识和认同中华文明，从而增强其做中国人的志气、骨气和底气。
>
> ◎任何外在的监督，都是成长的外因。只有具备自我革新的能力，才能不断成长壮大。

教育与惩戒

教育离开惩戒，就无法培养学生的敬畏之心。没有敬畏之心，何谈秩序与和谐。惩戒如果不带有温度，也不具有教育意义。惩戒是教育不可或缺的手段，但不能为了惩戒而惩戒。

> ☞ 随笔
>
> ◎从心里发出的声音，自己才能听得见、记得牢；从嘴里发出的声音，可能会被很快忘记。教育工作者如果听不见自己内心的呼唤，又如何去唤醒自己的学生。

第七篇
教师是学生成长的重要引领者

　　教师是学生成长的重要引领者。教师的职责是传道、授业、解惑。传道，传授做人的道理；授业，传授做事的学问；解惑，化解做人做事的困惑。传道、授业、解惑都离不开"心法"。"心法"是教育的根本"法门"。教师的"千修万修"关键在于修心，教育的"千法万法"根本在于"心法"。教育就是要用教师的爱心、细心、耐心，培养学生的恻隐之心、羞恶之心、辞让之心、是非之心。

　　在学生学习与成长过程中，教师要做到点燃、点拨、点评。点燃学生的学习激情，激发学生的学习兴趣；在学生自主、合作、探究的过程中进行恰到好处的点拨；对学生的学习过程和结果进行点评。真正做到以学定教，以学评教；教者也学，学者也教；教为不教，教学相长；以学促教，教学合一。

教师不变教育就不变

一个地方的教育局局长如果只具有改变自己的能力,而没有改变教师的能力,这个地方的教育不可能得到真正改变。教师不变,教育就不变。教育局局长能做的就是给那些想改变自己的教师创造一个好的环境和条件,让他们快一点改变。

"学"你教了吗

教学不单单是教给学生知识,而是教会学生学习。教师每一天都要反思,"学"今天教了吗?教与学的关系是以学定教,以学评教;教者也学,学者也教;教为不教,教学相长;以学促教,教学合一。

教育家

不是懂得教育理论的人就可以称为教育家,而是能够解决现实教育问题的人才是真正的教育家。那些大讲教育理论、能够说出古今中外许多教育家、对教育理论烂熟于心、用现成的理论去套教育现实甚至去裁剪现实的人,大都不能从活生生的教育现实中发展理论、指导教育实践。这些人很难成为教育家。

随笔

◎只有进入教育的核心地带,才能欣赏到教育最优美的风景,才能享受到教育的快乐与幸福。

◎教师的魅力包括两个方面:一是教师本身的人格魅力;二是教师有能力展示自己的学科魅力。

◎教育工作者如果不能受到教育,心灵就会荒芜,就会失去激情、真情和才情,教育也就会失去创造力。

把学生带到"水源"

无论多么优秀的教师,在浩瀚的知识面前都是十分渺小的,不可能解决学生提出的所有问题。教师只是学生学习的重要条件,真正的学习必须发生在学生身上。我们经常说:"要给学生一杯水,教师自己要有一桶水。"其实,一桶水也远远不够,教师的职责是把学生带到"水源"。

随笔

◎每名教师都要成为学生的父母,每名家长都要成为孩子的教师。如果学校的温度不够,学生在学校就找不到家的安全感;如果家长的角度不对,就不能让学生感受到心灵被不断充实。

◎教师不一定比学生聪明,也不一定比学生的脚步快捷,但一定要比学生的内心强大,因为强大的内心才能给予学生正能量。

◎课堂的两端,一端指向学生,另一端指向未来。谁主宰了课堂,谁就主宰了未来。

◎当一种产品不被消费者喜欢、销售量很低的时候,厂家一定会根据消费者的需求进行调整,不断提供能够满足消费者需求的新产品。学生好比消费者,教育提供给学生的主要产品就是课堂。面对一些学生厌学、苦学甚至辍学的现实,究竟应该给学生提供什么样的课堂以满足其健康成长的需要,是每名教育工作者需要思考的问题。

◎我们让学生的肩上挑着两个大筐,一个筐装满大量无用信息,另一个筐装满各种解决问题的工具。当学生挑着两个大筐走进现实的时候,他们根本不知道用什么工具去整合这些信息、解决实际问题。

◎你只有和学生在一个世界里,才能解读学生,然后与学生一起走进理想的世界。

◎用孩子喜欢的方式爱他们,带给孩子的就是正能量;用你自己喜欢的方式爱他们,带给孩子的可能是负担。

◎要想让教师热爱教育,就必须让教育回归为一项富有创造性的劳动。

◎如果教师不能在教育实践中唤醒自我,就无法真正唤醒学生。成功的教育，是在教育过程中让教师也受到教育。教育的最好方法就是教师与学生共同成长。

◎真爱就是用自己的人格魅力影响学生、用正能量激励学生、用符合人性的方法唤醒学生、用积极向上的东西鼓舞学生。有了影响、激励、唤醒、鼓舞，学生就会自觉学习、掌握知识、提高能力、培养品质、构建人格。用灌输的方法让学生掌握知识的教育方式是最简单、最低级、最功利的教育方式。

◎名师不一定出高徒，但高徒背后一定有名师。

◎求教师身心发展之真，务教师成长与发展之实。

◎作为基层教育工作者，我们没有高深的理论，没有宽广的视角，没有高瞻远瞩的目光，无法提出系统的、高屋建瓴的教育理论，但我们手里有的是最接地气的教育实践。因此，必须对教育行动做深刻的研究，让自己的研究成果尽快转化为教育生产力。

◎教育一旦与学生的天性作对，必然会走向对学生不利的一面。

教师的幸福感

教师的幸福感来自真正读懂学生的心灵，并用自己心灵的力量撼动学生的心灵；教师的幸福感来自真正为学生的成长提供条件，这些条件就像阳光雨露，滋润着学生的心灵；教师的幸福感来自与学生共同成长，成就学生的同时实现自身的价值。

☞随笔

◎教育工作者只有想方设法让自己不断受到教育、成长起来，才能成为一名优秀的教育工作者，从而更好地完成自己的责任和使命。

◎土地并不是越肥沃越能长出好庄稼，人也如此。在一个人需要帮助的时候，你助他一臂之力，那是给他以力量。但是，如果给他太多的帮助，就是在削弱其力量。

◎课程建设要充分体现知识本身的逻辑规律，课堂教学要充分尊重学生的认知规律。两个规律相结合，便构成教育规律。

课程

好课程既体现知识发展的逻辑规律,又体现学生认知的基本规律;既解决学什么的问题,又解决怎么学才能学会的问题。好课程是与好课堂连接在一起的,好课堂是好课程的体现。

教学的"一个中心,两个基本点"

一个中心:坚持以学生健康成长为中心。两个基本点:坚持课程建设创新,坚持课堂模式创新。

> ☞ 随笔
>
> ◎教育的艺术不在于传授,而在于鼓舞和唤醒。
> ◎爱是一切教育艺术的基础,我们要用爱去唤醒学生"沉睡的心灵",用爱去填补他们心灵的鸿沟,用爱去消除他们情感的障碍,用爱去找回他们的自信和自尊。
> ◎不了解学情就走进教室的教师,和没有来到事故现场就处理事故的警察没有什么区别。

知识分子

不是掌握了一定知识的人就是知识分子,而是有了一定知识,对学习无限热爱,具有一定学习能力,并坚持不断学习的人,才能称为知识分子。

鱼、渔、欲、愉

授之以鱼,不如授之以渔;授之以渔,不如授之以"欲",有"欲"方能有"愉"。

> **☞ 随笔**
>
> ◎我们从来不纠结手中学苗的层次，每一名学生都是一个鲜活的个体，每一个鲜活的个体都是一个独立的世界。教育就是要走进并改造每一个世界，让每一名学生都成为更好的自己。
>
> ◎热爱教育，必须体现在热爱学生上。热爱学生就是相信学生、激励学生、解放学生、发展学生。
>
> ◎对于教师而言，一切从实际出发，就是一切从家长利益和学生成长需求出发，把家长对孩子的期盼和学生的健康成长有机结合起来。

课程与课堂

课程解决学什么，课程建设要体现知识的内在逻辑规律。课堂解决怎么学，课堂建设要体现学生的认知规律。

"智识分子"与知识分子

一些人掌握了一定的知识，但这些东西没有变成自己的世界观和方法论，更没有变成自己的行动准则，知与行相脱离，这些人只能叫"智识分子"。一些人把知识变成了自己的世界观和方法论，能科学解读自然、社会、人生，并把这种真知变成行动，做到了知行合一，这些人是真正的知识分子。

分层教学与小组学习

分层教学强调的是"教"，小组学习强调的是"学"。两者的根本区别在于前者坚持的是以"教"为中心，后者坚持的是以"学"为中心。

> **☞ 随笔**
>
> ◎基层教育工作者，要坚持问题即课题的科研导向，要注重"行动研究"，而不要脱离实际，做空对空的"理论研究"。

关于教师的职业倦怠

如果极少数教师对自己的职业产生了倦怠,那么这是教师个人的问题。如果产生倦怠的教师不在少数,那么就是教师这个职业让他们失去了激情与热情,从而出现倦怠。因此,必须深化教育教学改革,回归本真,使教师这一职业成为一项有趣的创造性劳动,让学生快乐,让教师幸福。

学生是教育教学的重要资源

小组学习是科学的现代学习方式,它的基本理念就是把学生本身当作教育教学的重要资源,小组是学习与管理的共同体,力求真正实现自主学习、自主管理、自主发展。

真教育要做到"五体"

教育的过程就是让学生通过体验、体会、体悟、体认,把掌握的知识、做人做事的道理体现出来,而不能用说教与灌输的简单方法,让学生死记硬背知识。不能入脑、入心、入行的教育,是伪教育。

教师

师者,传道授业解惑也。传道需要明天理与人性,授业需知做人与做事的道理,解惑需内心光明。如果心中无道,何以传道;不明做人做事之理,何以授业;心中困惑不明,何以解惑。

> **随笔**
>
> ◎教育的过程是教师不断修行的过程,也是家长不断修行的过程。教师和家长修行的高度,会决定学生成长的高度。
> ◎把教材当作整个世界,只能培养学生的应试能力;把整个世界当

作教材，才能培养学生的核心素养。

师生共同发展

教育就是不断挖掘人的潜力的过程。通过挖掘教师的潜力，让教师不断认识自我、突破自我，从而挖掘学生的潜力，实现师生共同发展。

班主任的管理层次

第一层次，自我管理，靠"看、管、卡、压"，让班级稳定。第二层次，民主管理，依靠班级干部管理，教师退到后台，让班级井然有序。第三层次，学生自主管理，改变学生的心灵品质，让学生自省、自律，这是班主任管理的最高层次。

> ☞ 随笔
>
> ◎不要把学生的每个不好的行为都归因于品质问题。学生许多不好的行为，并没有恶意，也不是故意为之，而是学生习惯不好和自制力不强的表现，如果一切问题都简单地归因为品质问题，很可能伤害学生的内心，并不能收到良好的教育效果。

具备变压器的功能

优秀的教育工作者应该具备变压器的功能。善于从日常生活中的小事里抽象出普遍的道理，把"低压"变成"高压"，让学生受到教育。同时，要善于把一些抽象的大道理通过生活中的小事呈现出来，把"高压"变成"低压"，让学生受到启发。

> ☞ 随笔
>
> ◎泄露一个可以由学生自己发现的秘密，是失败的教育方法。
> ◎只有那些始终不忘记自己也曾是一个孩子的教师，才能成为真正

的教师。

写作

写作是教师成长的绿色通道。有许多教师说，没有时间写作。其实，每名教师都应该把写作当成一种生活方式。如果你每天写200字，1年，就可以写73000字，10年就可以写730000字，那时你的写作水平或许可以提升到一个新的层次。

差距与差异

教育工作者不应该总是强调学生之间的差距，而应该关注学生之间的差异，利用差异缩小差距。

> 【随笔】
>
> ◎教材逻辑是学科逻辑与学生认知逻辑的统一。为什么相同课标会有多个版本的教材？这是因为不同教材的编写者对学科逻辑和学生认知逻辑的认识不同。

技术

技术时代，每个人都能通过技术改变自己的生活与工作方式，要掌握相应技术，但不能成为技术主义者。

> 【随笔】
>
> ◎对学生而言，任何外在的压力，如果不能转化成内在的动力，学习就不会真正发生；任何学习方法，不能内化为适合自己的方法，学习就不可能高效；任何学习过程，如果不能亲身经历，而靠捷径走过，便无法获得真知。

教学"三建"

教学"三建",即课程建设、课堂建模、习题建构。

考与练

以考定练、以考评练、以考促练、练考一体。

教与讲

教是教师的重要工作方式,讲只是教的一种形式。教师为了传道、授业、解惑,可以用多种形式,不能仅仅用讲这一种形式。

教育工作者与受教育者

你能够培养出什么样的人,取决于你本身是什么样的人。

教育的艺术

把有用的东西,变成有趣的东西;把有营养的东西,变成好吃的东西。这就是教育的艺术。

教师、教学、教育

教师是教育之本,教师不变,教学就不变,教育就不变。改变教师,方能改变教学、改变教育。教育改革的核心在于改变教师,否则一切改革都将发生在教室以外,改革就永远没有进入核心区。

潜能

人的潜能像空气，放在气球中，就与气球一般大；放在房间里，就与房间一般大；放在宇宙中，就是无限的。潜能是由人的心胸决定的，心胸有多宽广，潜能就有多大。

魅力

教育就是依靠教师的人格魅力，用有魅力的教育方法将学科魅力呈现出来，从而把学生培养成有人格魅力的人。

> 随笔
>
> ◎如果教师心中无道，何以传道；业不精湛，何以授业；惑而无解，何以解惑。

精神能量

思想和情感是决定精神能量的两大因素。教育要通过培养学生的正确思想和大爱情怀，完成立德树人的根本任务。

教学

通过教，培植学生学习的动力；通过教，培养学生学习的兴趣；通过教，教会学生学习的方法。教学的实质就是把教师的"教"真正变成学生的"学"。

> 随笔
>
> ◎所谓教学，就是教会学生学习，就是遵循"学"的规律而教，就是"教"必须为"学"服务。
>
> ◎经师，传授学生知识与技能；人师，促进学生觉悟与成长。教师

> 不但要做"经师",更要做"人师",努力做"经师"与"人师"的统一者。
> ◎《学记》中说:"当其可之谓时。""时",可以理解为时代、及时、适时。也就是说,教育必须符合时代要求,抓住时机,对学生适时进行教育。

教与学

教是外因,学是内因,教只有真正转变为学,才是有效教学。要做到以学定教、以学评教、以学促教、教学合一。

传授知识与培养核心素养

教师如果只传授知识,而不培养学生的核心素养,将来学生用一堆"死"的知识,如何适应自身及社会发展的需求?

好教师与优秀教师

通过教育,能够培养学生核心素养的教师,就是好教师;通过教育,在培养学生核心素养的同时,能够不断提升自我核心素养的教师,就是优秀教师。

学者与大师

学者,懂得道理,可为人解惑;大师,体认并实践真理,既可以为人解惑,又是世人之楷模。

学生问题与"问题学生"

只有真正找到"学生问题",并精准施策,才能少出现"问题学生"。

> 随笔
>
> ◎教师是带着自己的阅读史去教书的，如果教师不去读书，怎么让学生喜欢读书呢？

教师课堂教学"五度"

教师的内心温度，决定课堂教学的温度；教师的视野广度，决定课堂教学的广度；教师的思想深度，决定课堂教学的深度；教师的道德高度，决定课堂教学的高度；教师的文化厚度，决定课堂教学的厚度。

> 随笔
>
> ◎教师教育学生的过程，就是观察、引导、培育学生成长的过程，也是自己重新成长的机会和过程。因此，教育的真正魅力就是教师在教育学生的过程中实现自我成长。

"经师"与"人师"

仅仅有渊博知识的教师，称其为"经师"，"经师"只能做到授业与解惑。既有知识又有见识的教师，可称其为"人师"，"人师"才能做到传道、授业、解惑。因此，"经师"易求，"人师"难得。

自律与自尊

孩子的自律源于自尊，自尊心越强，自律水平就越高。不断培育孩子的自尊心，才能不断提高孩子的自律水平。没完没了地埋怨和唠叨，只能使孩子的自尊心不断下降、自律水平越来越低。

和谐个性

培养学生的和谐个性,让学生内心和谐,能够与自己及他人和谐相处,具有健全人格,是立德树人的要求。

唤醒内驱力

如果不唤醒学生学习的内驱力,任何外在的压力都不会让他乐学、会学、学会。因此,教育即唤醒。

> **随笔**
>
> ◎立德树人的核心是在保证学生身心健康的基础上,促进学生的身心发展。
>
> ◎只有走进千差万别的真实的学生心灵世界,才能帮助他们建设一个属于他们自己的美好心灵世界。
>
> ◎不要以为学生的内心世界是简单的,我们读不懂学生的世界和学生读不懂我们的世界是一样的。
>
> ◎打开学生心灵大门的钥匙只有一把,这把钥匙不在你的手中,而在你的心里,那就是大爱情怀。

解惑

要想为别人解惑,自己必须不惑,然后知道"结"在那里、"解"的方法。

"三真"与"三感"

教师要用真情感染学生,用真理感召学生,用真行感化学生。

随笔

◎要从学生的立场看学生存在的问题。成年人认为的小问题,在学生心目中也许是大问题;成年人认为没有问题,在学生心目中也许就是问题。因此,不能忽视学生心理上存在的问题,要从学生的立场出发,及时发现和解决问题,促进学生身心健康发展。

◎有利于学生自主学习、有利于学生自主管理、有利于学生自主发展的事情,必须认认真真地落到实处。

◎青春期的孩子在心理上往往处于脆弱与坚强的关节点。如果我们给他一份力量,他们就会走向坚强;如果我们给他一个打击,他们就会走向脆弱。

◎温度决定高度,高度决定深度,深度决定效度。温度即教育情怀,高度即教育格局,深度即教育思想,效度即教育行为。有多深的情怀,就有多大的格局;有多大的格局,就有多深的道法;有多深的道法,就有多有效的行动。

◎对于孩子,我们应该有容错的意识,帮助孩子认识错误和改正错误。越是不容孩子犯错,孩子的心灵就会越脆弱,抗挫折能力就越差。

◎人生的第一粒扣子如果扣错位了,整排扣子就错位了,如果不及时纠正,孩子就不知道什么是对的。长此以往,孩子的价值观就会扭曲。

◎教师不经意的一句话,也许对学生一生的影响都是巨大的。一句带有温度的鼓励话语,可以让学生心中的火苗猛烈燃起,激发出巨大能量;一句冰冷的否定话语,会熄灭学生内心的火苗,让他们失去信心。

◎能够感动自己的事情,才能感动学生;能够让自己体认的道理,才能让学生体认。

◎青春期的孩子,容易把偏见当成主见、把执拗当作执着、把道理当作谬误。

◎每名学生都是一本书,谁读懂了学生,谁就懂得了教育。知识只是教育工作者必须掌握的教育载体,千万不要以为拥有了知识,就一定能搞好教育。

◎学生将来的学识可能超过教师,但教师的精神追求和高尚品格应该永远成为学生的典范。

◎合乎大道之德即大德,教师的首要任务是传道,在传道基础上的授业和解惑才符合大德。

◎不要热衷于给学生讲答题技巧，技巧是建立在真功夫基础上的，没有对知识的准确把握，没有分析问题和解决问题的能力，就谈不上技巧。

◎用教育理想构建理想课堂，用理想课堂实现教育理想。

◎不要错误地认为教育和成长是一回事、教学和学习是一回事。不是你教育了，学生就成长了；也不是你教学了，学习就真正发生了。教育和教学是外在的条件，成长与学习是内在的建构。教育活动的实质就是激发和挖掘学生心中人性的光芒。教学活动的实质就是激发和挖掘学生的学习兴趣与学习动力。

◎青春期的孩子独立意识很强，思想也逐渐走向独立。但在这个时候，他们所谓主见，有许多是偏见。因此，教师一定要用自己的教育智慧对学生进行正确的引导，防止学生的思想出现偏差。

◎教师本来就是普通人，所以学生和家长不应对教师要求过于苛刻。但由于教师职业的神圣与伟大，教师自己不能用普通人的标准要求自己，心中一定要牢记——圣人之境界，虽不能至，但必须心向往之。

课堂的中心

人们总是讨论课堂以什么为中心。有的人认为，应该以教师为中心；有的人认为，应该以学生为中心。其实，课堂的中心既不是教师，也不是学生，而是以课堂上研究的问题为中心。学生和教师都是问题的研究者。

教学的三要素

要素之一是课程建设，即教师从学情出发，对教材进行二次加工，把教材转化为学材；要素之二是课堂模式，即采用有效方式组织学生学习，以达到学生精神流失率低、目标达成率高的目的；要素之三是教学评价，即用科学的方式评价教师的教学效果，也就是评价教师在培养学生核心素养方面的成绩。

教育工作者的初心与使命

教育工作者的初心是"五育"并举、立德树人,让全体学生全面发展。教育工作者的使命是为党育人、为国育才,让每名学生成为更好的自己。

> ☞ 随笔
>
> ◎做有灵魂的教育工作者,办有灵魂的教育,培养有灵魂的学生。
> ◎好教师就是学生面前的一本书,学生从这本书中读懂做人、做事、做学问的道理。教书育人,就是教师用人格塑造学生的灵魂。

教育情怀

情就是爱,对教育事业的热爱、对学生的热爱。怀就是胸怀,始终不忘为党育人、为国育才的使命。

> ☞ 随笔
>
> ◎只有教学方式多样化,才能实现学习方式多样化,才能满足学生差异化的需求。
> ◎教育工作者的心灵应该是充实且饱满的,如果自己感觉内心空虚和无力,那原因可能就是在教育学生的过程中自己没有受到教育、没有获得成长。
> ◎教师的伟大不是自己做了什么伟大的事情,而是通过做无数的小事情培养出许多能够做大事情的学生。
> ◎教师成长的最高境界,是在促进学生成长过程中实现自我成长。教师最有意义的成功,是学生成功之后的成功。
> ◎不要把对学生的牵挂当作一种无私的付出。如果少了这种牵挂,你会失去一种幸福感。因此,牵挂并不是一种无私的付出,而是为了让自己快乐幸福。
> ◎教育不是讲大道理,而是通过教育工作者的言行举止,通过一些

身边的案例，让学生自己体悟大道理。

◎教育工作者只有不忘"五育"并举、立德树人的初心，牢记为党育人、为国育才的使命，内心才会产生无穷的力量，不计个人得失，心甘情愿为教育事业贡献一切。

◎培养学生的关键能力，核心是培养学生处理好各种关系，包括与自己的关系、与他人的关系、与自然的关系、与社会的关系。

◎如果一名学生的三观出现问题，他的思维方式就会"与众不同"，表现出常人无法理解的言行。我们往往把学生的这种表现看作心理问题，其实这不是心理问题，而是思想问题。

◎教学相长，就是教育工作者在教育过程中自己始终在接受教育。长的不仅仅是知识，更主要的是改变了思想观念、提升了心灵品质、找到了人生意义。

◎只有在教育学生的过程中真正受到教育、实现自我成长，教育工作者的教育水平才能提升到一个新境界。

◎教师如果不能反求诸己，自己的内心就难以光明，更不可能照亮学生的内心。

◎教育工作者用自己不认可的道理去教育学生，用自己做不到的事情去要求学生，是很难让学生信服的。

不言之教

天地有大美而不言，四时有明法而不议，万物有成理而不说。

随笔

◎在教育学生的过程中，最忌讳把学生的不良习惯当成品质问题，把学生自制力较差当成故意犯错误。问题性质决定解决问题的心态与方法，定性错误不但会伤害学生的自尊心，还容易使教育效果走向预期的对立面。

◎真正的教育家不可能远离学生、远离教师、远离教育实践。或者说，教育家都是从学生、教师、教育实践中走出来的。

◎ 教师要善于找到学生的思想频率，只有自己的频率与学生的频率相同时，才能做到同频共振，收到事半功倍的效果。

◎ 不言之教，乃教育的最高境界。教者应向天而学，天虽不言，四时行焉，百物生焉。

◎ 教师可以传授给学生知识，但不能传授给学生智慧。智慧只能靠学生自己感悟。教育的意义就是通过教师能够做到的事情，让学生做到教师不能做到的事情。

◎ 有一种低效且容易让学生反感的教育方式，就是讲大道理。学生所有的心灵获得，必须依靠自己的心灵感悟，外人无法传授给他们。因此，教育工作者不应该好为人师，而应该努力为学生的体验和思考创造条件。

课程育人

课程育人要做好两件事：一是抓好思政课程，充分发挥思政课育人的功能，让思政课成为立德树人的关键课程；二是抓好课程思政，充分挖掘各学科中的思想要素，对学生进行思政教育。

☞ 随笔

◎ 碎片化的知识只能给学生带来碎片化的人生。只有克服了碎片化的教学，才能给学生带来整体化的学习。只见树木不见森林的学习方式，很难将学生的知识变成文化，也就很难让学生形成正确的价值观。

体验才能成长

儿童认知能力的发展，不是"大人告诉他的"，而是"儿童亲自学习来的"。兴趣是成长的内驱力。在这种生命的内驱下，儿童首先是感觉（如让他感觉冷水和热水）；然后是知觉，即上一次的感觉经历再现在头脑中，被再次体验；接着逐渐走向经验，得出一个概念（知道什么是冷、什么是热）；最后将概念整合成一个有序的系统，将感觉上升到概念。这就是智力的形成过程。

想开发儿童的智力，要管住我们的嘴，即少说；要让孩子迈开自己的腿，多体验、多感觉。

厌学的根源

厌学是因为学不会，学不会是因为不会学，不会学是因为不想学，不想学是因为不知道为什么而学。因此，教师最重要的职责，就是让学生知道为什么而学，从而激发学生学习的积极性。学生想学了，教学便变得简单了。

站在高处看教学

从知识本位出发的教学，是低层次的教学；从成长本位出发的教学，是站在高处搞教学。教学，要从党的教育方针找方向，从素质教育找策略，从核心素养找路径，从学科素养找载体。

> 随笔
>
> ◎学习即建构，每名学生的学习路径是不一样的，要为不同学习风格的学生匹配适合的学习资源，这样才能促进学习真正发生。
>
> ◎亲其师才能信其道，如果教师不被学生认可和敬仰，那么连传播真理的机会都没有，还有什么资格站在讲台上。

学习动力

激发学生的正确需求，并让学生对此产生浓厚的兴趣，这就是学生的学习动力。

第八篇
学习的本质就是自我成长

> 从学习的方法上说,学习就是自我建构;从学习的过程上说,学习就是享受生活;从学习的意义上说,学习就是自我成长。
> 成长必须在实践中体验。只有体验过,才能有感受,有感受才能有感知,有感知才能有感悟,有感悟才能有感动。学习是自己的事情,只有真正发生在自己身上,并按照自己的方式进行,才能促进自我成长。

成长即体验

离开了学生的体验，教育就离开了本真，甚至会走向教育预期的反面。体验产生的感受与感知属于知识与技能层面，由感知产生的感悟属于方法层面，由感悟产生的感动属于情感态度和价值观层面。

随笔

◎做根本没有用的事情，或者做自己不喜欢的事情，都是负担。减负不是减量，而是减少负担，增加兴趣。

◎现实是最好的教材，简单的说教很难入心入脑。

◎书放在脚下接上地气，就是进步的阶梯。脚下的书多了，你进步的阶梯就高了。书放在头顶膜拜就是负担，头顶上的书多了，就会压垮你的想象力和创造力。

◎不要总是纠缠具体知识，总希望自己的学生得满分。小学教育最重要的是培养孩子的学习兴趣和良好习惯，具体知识的学习是培养兴趣和习惯的载体。具体知识学不会，也不要惊慌失措，一年级的知识到了高年级自然就会了，何必总是纠缠这些具体的东西，小学教育的关注点应该放在情感、态度、价值观上。

◎不会学习的人，肯定不能成就大业；光会学习的人，也很难成就大业。

◎碎片化的知识其实就是信息，信息只反映一个事实。如果不能把这些信息联系起来，找到它们的内在联系，信息就没有实际意义。如果把大量的信息强行塞入学生的大脑，相当于把大量的垃圾放入电脑硬盘，只能让电脑速度越来越慢，将学生就变成会移动的"书架"。

◎学习就是自我建构的过程，即用已有的认知能力和知识结构筛选、整合、利用新信息的过程。建构的主观条件是已有的认知水平，客观条件是具有大量的信息。有效和便捷的建构方法是利用互联网提供的科学工具。

◎互联网思维一旦与某一个领域的思想结合，这个领域可能会发生翻天覆地的变化。

◎真正导致人与人之间知识水平差异的，往往并不是知识数量，而是知识之间的联系。

◎人的成长过程就是不断解决矛盾的过程，如果内心的矛盾被一个个地解决了，人就不断成长了。

教是再好不过的学

帮助别人就是惠泽自己，教会别人就是在促进自身对知识的深入理解。

知识与文化

现在许多人有知识却没有文化，知识是学来的，文化是修来的、悟来的。所以说，有知识不等于有文化。

☞ 随笔

◎无论别人告诉我们什么道理，当我们的心智没有达到这个境界，或没有经历过一些事情的时候，是很难理解这个道理的。

◎学习是人生命中最重要的事情，是生命价值增值的过程，也是实现自我价值的途径。

◎向每个人学习，不是要模仿别人，而是要成为更好的自己。

终身学习

学习就是生活，就是成长。教师要培养学生终身学习的理念，提高学生终身学习的能力。不是学习的知识越多，学习能力就越强，而是让学生知道应该学习什么、怎么去学习、如何把知识运用到实际中。

刻苦与痛苦

学习本身就是生活，就是成长，生活和成长本身就有苦辣酸甜。如果你热爱生活、渴望成长，学习就应该是件快乐的事情。人们常常把学习看作痛苦的事情，经常说"书山有路勤为径，学海无涯苦作舟""头悬梁，锥刺股""凿壁借光"等，事实上，我们提倡刻苦学习，但反对痛苦学习。

> **随笔**
>
> ◎信息不等于知识，知识不等于智慧，如果只是给学生灌输大量信息，教育就失去了意义。
>
> ◎一个有价值的提问，可以把我们的思维引向更加广阔的天地。因此，在某种程度上说，提出问题比解决问题还重要。
>
> ◎通过读书，知道了自己原来不知道的东西，这叫作收获知识。通过读书，唤醒了自己内心沉睡的东西，这叫作收获智慧。
>
> ◎"勤奋"是一项好品质，如果走在正确的道路上，勤奋会带来好的效果；但如果走在错误的道路上，越勤奋后果会越严重。没有正确方向的勤奋，只能阻碍自身发展。

学生的四大核心素养

正确的价值观、良好的心智模式、优秀的品质、健全的人格。

学生的三大核心能力

学习力、思想力、行动力。

真善美

千修万修，修有善心；千学万学，学会求真；千做万做，做到和美。

自律与自信

自律是对自我的控制，自信是对事情的控制。自律的结果就是有更多精力去做喜欢的事，成为更好的自己；自信的结果就是把自己喜欢做的事情做好，成为成功者。

> **☞ 随笔**
>
> ◎被动做事得到的是痛苦与烦恼，主动做事虽然辛苦却快乐。
>
> ◎一切结果的差距，都是因为过程的差异，没有无缘无故的成功和失败。
>
> ◎自律就是让你的想法决定你的行为，而不是让你的情绪决定你的行为。它是你实现理想的基本前提。
>
> ◎让别人能感受到的努力叫成长，让别人感受不到的努力叫扎根。扎根是重要的成长，根深才能枝繁叶茂。

学习即对话

学习就是对话，是学生与教师对话、学生与学生对话、学生与教材对话、学生与现实对话、学生与自己对话。学生在对话中学习，在学习中成长。

> **☞ 随笔**
>
> ◎学习就是自我建构的过程。建构需要素材，素材就是知识。建构需要搭建，搭建就是把一些单摆浮搁的相互联系的知识，用一定的方式搭建成一个整体。搭建从本质上说，就是找到知识与知识之间的横纵联系，找到联系就能找到规律，找到规律就能完成建构。
>
> ◎知识并不等于智慧，知识关乎事物，智慧关乎人生。知识是理念的外化，智慧是人生的反观。知识让你看到一块石头就是一块石头、一粒沙子就是一粒沙子，智慧却能让你在一块石头里看到风景、在一粒沙子里发现灵魂。
>
> ◎厌学和苦学已成为教育毒瘤，要破解这一难题，必须从学生的天性中寻找动力源泉。
>
> ◎成熟永远是相对的，如果你真正具备了自我成长的能力，这就是你成熟的标志。因为有了这种能力，你就会不断去努力发展自我、完善自我、超越自我。

◎写作可以使自己的心灵得到净化，使自己的思想得到提升，使自己的方向更加明确，使自己的策略更加明晰，使自己的行动更加有效。

自我发展的两大能力

一是自主学习能力，二是自我管理能力。具备这两大能力，才能实现自我发展和自我超越。

自主学习

学习是自己的事情，必须真正发生在自己身上，必须按照适合自己的方式进行。

成长与成绩

一名学生取得了一定的成绩，但不一定是真正成长了。教育改革的核心，就是让学生成长与学习成绩提高高度统一，让成绩真正体现成长的水平与高度。

通透

对于一个体系，能找到它精神层面的东西，并把各个部分有机地联系起来；对于不同的学问，能够找到它们精神层面的相同点和区别，并能够找到方法论。这就是通透。

自我成长

所谓自我成长，就是在做事的过程中不断发现自我、完善自我、突破自我和发展自我。

生命的状态

每个人都有相同的生命,但生命的状态却不同。第一层次是生存,满足于物质的生活;第二层次是生活,既有丰富的物质生活,也有丰富的精神享受;第三层次是生长,不断认知自我、认知自然、认知社会,得到心灵的成长。

层次

学习有学习的层次,做事有做事的层次,做人有做人的层次。不同层次的人不可能彼此产生共鸣,你津津乐道的东西也许对方感觉索然无味。因此,无论是交流还是做事,只有在同一层次上才能产生共鸣。

> **随笔**
>
> ◎自我觉醒,是促使全面成长的重要手段,是通向快乐与幸福的绿色通道。
> ◎你走得越久,遇到的人就越多,能量就会越大。
> ◎升华到最高层次的知识,应该更通俗、更浅显,这就是大道至简。

问题

没有问题就是最大的问题,找到了问题,答案就找到一半了。

> **随笔**
>
> ◎聪明在某种程度上说,就是自主与专注。
> ◎取得好成绩的三要素:自主学习形成的实力,自我管理形成的心理素质,自觉训练形成的应试技巧。

核心素养

找到零碎知识的点与点、线与线、面与面、体与体之间的内在的、本质的、必然的、稳固的联系,并通过这些联系找到核心,上升到情感、价值观和方法论的层面,可以将知识转变成素养。这种素养是自身发展的品质和能力。

做题与学习

做题是学习的一种方式,但学习不仅仅是做题。学习是一种建构知识体系、能力体系、文化体系、道德体系的过程。

立志、勤学、改过、责善

立志,就是要朝向圣贤,转凡至圣;勤学,就是去掉私欲,让本心光明,做人符合天道,做事符合人道;改过,就是反求诸己;责善,就是劝勉身边朋友向善,要成人之美,不要成人之恶。

> **随笔**
>
> ◎思想和情感可以给我们能量,如果你能在圣贤那里获得能量,能够与伟大的时代同频共振,并把思想和情感变成文字,这样的文字才有价值。
>
> ◎读书并非仅仅为了增长知识,更重要的是提升心灵品质,改变自己的生命状态。

说文解字与说文解义

读书的方法有两种:一种是说文解字,即从文字表面理解文章含义;另一种是说文解义,即从整体上把握文章含义。前者是基础,后者才是目的。特别是阅读传统经典著作，光从文字表面上理解，是不能完整把握文章精髓的，必须在说文解字的基础上做到说文解义。

智慧课堂

随着互联网的发展，一些学校大搞智慧课堂，结果并没有达到预期效果，就说这些东西根本不能提高教学质量。智慧课堂的构建，前提是把控课堂的人要有智慧，如果不掌握教育的"道"与"术"，仅靠"技"是不可能真正带来课堂革命的。

阅读

阅读应该成为每一个渴望成长的人的生活方式，它就和人的饮食一样，身体健康靠科学饮食，心灵健康靠科学阅读，拒绝阅读就是拒绝心灵成长。

语文素养

语文素养的高低，不在于你掌握多少语文知识，而在于你能读懂多少优秀的作品并能够从中吸取精神养料，能否用恰当的方法表达自己的思想和感情。如果把学语文只是定义为学习语文知识，恐怕没有多少人会对学习语文感兴趣。

学习语文与阅读

阅读不是为了学习语文知识，学习语文知识是为了更好地阅读和写作。阅读是为了吸取文章的思想精华，净化自己的心灵，丰富自己的情感。

知识与灵魂

知识只有被放在有灵魂的躯体中，才能鲜活地生长，才能被转化成能力，从而服务于人与社会的发展。

高考

高考，考的是学生的动力、实力、能力，考的是学生的核心素养。学生的核心素养取决于学生自身的努力的多少、家长核心素养的高低、学校核心竞争力的强弱。

> **☞随笔**
>
> ◎高考是高中教育的指挥棒，它指挥着高中教育的方向，即立德树人、全面发展；指挥着高中教育的方式，即服务选材、个性发展；指挥着高中教育的方法，即引领教学、充分发展。
>
> ◎要从成长的角度抓教育、从成才的角度抓教学、从成功的角度抓高考，让三者相互渗透、融为一体，让每一名学生通过备考实现成长、成才、成功。

成熟、成长、成功

知天命与人性，叫成熟；善于改变自己，叫成长；有能力改变别人，叫成功。人生的过程是成熟，人生的意义是成长，人生的价值是成功。

解构、建构、结构

解构，即把一个思想体系或者知识体系解构成诸多要素，相当于把整体建筑拆成建筑材料；建构，即用自己的思维和方法，把"建筑材料"建构成一个"新建筑"；结构，即通过自己的建构呈现出的"新建筑"与"原建筑"有相同的结构，也有不同的结构。

经与传

经，是作为思想、道德、行为等标准的文章或图书，如四书五经等经典著作。传，是为经书作注的著作，一般由他人记述，如朱熹的《四书章句集注》。

口味与营养

许多符合人口味的东西，营养价值并不是很高；许多不符合人口味的东西，营养价值却很高。因此，在乎营养还是在乎口味，就成为你选择的标准。

> **☞ 随笔**
>
> ◎当你不明白还不想明白的时候，即使遇到了明白人，也会擦肩而过。
> ◎真理需要用心体悟，只有真正体认了真理，并付诸实践，才算真正掌握了真理。而不能只用脑袋去背，即使背得滚瓜烂熟也没有多大用处。
> ◎任何看似逻辑严密的理论，如果在实践上行不通，都是错误的。
> ◎读书，牵手古今圣贤；实践，拥抱伟大时代；修炼，不断完善自我。
> ◎构建知识体系的关键是找到一个学科发展的逻辑起点。

学习

学习是用已知的知识探索未知的世界。问题永远是探索未知世界的动力，没有问题，学习就不会真正发生。

> **☞ 随笔**
>
> ◎不触动思想和情感的学习，不可能改变灵魂，更不可能提升心灵品质。
> ◎有动力，想学；有兴趣，乐学；有方法，会学；有收获，真学。
> ◎学习即生活，即通过学习体验生活。体验具有不可替代性，即学习必须发生在学生身上。学习即成长，即通过学习掌握知识、提高技

能、培养品质、构建人格。学习即建构，即通过学习不断建构知识体系、能力体系、道德体系。

真知

真知往往存在于我们熟知的常识之外，当一种理念或者理论颠覆了你原有的认知时，千万不要轻易否定，而要真正弄懂，也许这是你提升心灵的好机会。

> 随笔
>
> ◎研究同样的问题，即便是结论相同，如果逻辑起点不同，那么视角就不同，对研究过程中发现的同样问题的理解也会不同。

读书与人生

读书是成长的重要途径。好书是作者多年或者毕生思想智慧的结晶。对于爱阅读的孩子来说，每读一本书，就是向一名教师请教。当这个孩子"遍访名师"后，他也会成长、成才、成功。

> 随笔
>
> ◎学习与求道的四个阶段：入门、上阶、登堂、入室。

有用与有趣

有用的东西，要用有趣的形式让他人接受。例如，盐对人的身体有益，但如果直接让人吃盐，又有谁能接受？如果把盐放在美味的食物中，人们就能快乐地接受。

困惑

困惑是一个人自我成长的内在动力。人的成长过程，就是通过学习不断解惑的过程。不同层次的人，困惑也不同，冲破层层困惑，就会进入一个较高的境界。

> 👉 **随笔**
>
> ◎有问题，就会有解决问题的办法，而且方法可能不止一种。不怕有问题，就怕不思考。

自主发展

只有具备自主发展的动力，才能走出被外部力量左右的被动状态，才算活出自我，获得生命的乐趣与意义。

学习语文

学习语文的目的：别人写的文章能看懂，能够领悟作者的思想感情；自己有了思想和感情，能够用文字表述出来，并能引起他人的共鸣。因此，阅读与体验是学习语文的基础。

> 👉 **随笔**
>
> ◎只发现问题还不够，更重要的是找到解决问题的方法。
> ◎对于学生来讲，内心的感受永远比一些不切实际的大道理重要。

修炼

修炼不是要做到博闻强记、背诵词章，而是不断参悟和体认天理，进而完善自己的世界观、人生观、价值观。

记忆、理解、体认

真正理解的东西才能被记住。理解就是掌握事物的内在逻辑。只有真正体认的东西才算真正理解，体认就是发自内心的认可。

大学问在深处

许多人满足于一知半解，没有掌握精髓就浅尝辄止。获得大学问，往往需要入门、上阶、登堂、入室四个阶段，这需要反复学习、反复思考、反复感悟、反复修炼才能实现。

智慧

判断一个人是否有智慧，关键要看他能否在平凡中创造奇迹。

思政课的"两学"问题

乐学，让学生真正感知到思想政治课的价值性，真正体会到学习的趣味性，把有用和有趣的统一起来；会学，就是要掌握本学科的学习方法，掌握知识，提高能力，产生认同。

改过与责善

改过，是改正自己的过错；责善，是影响周围人的行善。作为一个团队领导，自己善于改过只是完成了一半的职责，还要积极责善。

学问

只有深入"学"，才能产生"问"；只有不断"问"，才能促进"学"。有学问，就是通过自己的"学"，能够回答别人的"问"；通过别人的"问"，能够促进自己的"学"。

记忆与思维

记忆只有用思维编成密码,才能使知识结构化。思维的工具是逻辑,包括现实逻辑、理论逻辑、辩证逻辑、形式逻辑、数理逻辑。

学习的两次质变

由碎片化知识转变为结构化知识,是学习的第一次质变;由掌握知识转化为使用知识,是学习的第二次质变。

知道与表达

许多有价值的问题,往往是在交流的过程中产生的。有些问题是因为自己知道才说出来的,还有些问题是因为别人说出来自己才知道的。所以,交流本身就是深度学习。

自我成长

自我净化,自我完善,自我革新,自我提高。

会与通

从文字上理解,只有达到"会"的层次,从心上感悟,才能达到"通"的境界。

四个"千万"

千修万修修有"真爱",千学万学学会"求真",千做万做学做"真人",

千变万化学会"审美"。

一体两翼

复习备考就像一架即将起飞的飞机,能否飞得高、飞得远,取决于强大的动力、坚固的机体、完美的两翼。复习备考过程中,强大的内心就是动力,核心素养就是坚固的机体,良好的心态和答题技巧就是两翼。

> 随笔
>
> ◎人的学习、生活、工作如果不能和生命发生内在联系,就很难促进心灵的成长。
>
> ◎学而不知,与不学同;知而不行,与不知同;知行合一,方可成就事业。

成 长

成长就是突破现有的眼界,走出现有的格局,站得更高、看得更远、行得更稳。

> 随笔
>
> ◎越是成长的时候,就越是勤奋学习;越是堕落的时候,就越是放纵自己。
>
> ◎人如果不穿越黑暗,便很难成长。靠什么穿越黑暗?只能靠内心的光明。所以要修炼内心,让自己本心光明。
>
> ◎对于新事物,人们往往是在一知半解的时候就认为已经懂了,因浅尝辄止而错过了真懂的机会。
>
> ◎每一种学说都有自己的逻辑体系,都有自己的适用范围,突破这个范围,学说就不能自圆其说。其实,它们都是用自己的视角观察和解读事物。
>
> ◎树根没有扎进土壤深处时,越是枝繁叶茂、硕果累累,就越损其

> 根。人的成长也是一样，不培其根、固其本，只忙着获取名利，一定会损其根本。
>
> ◎成长，就是学习别人的优点，弥补自己的不足。如果看不见别人的优点，看不见自己的不足，就会阻碍成长。没有成长，就没法成才和成功。

理解

理解就是学会知识后，在从未遇到过的新情境中能够运用所学知识解决问题。

浅层学习与深度学习

记忆是浅层学习，理解才是深度学习。全部记住一个机器的零件，不叫理解，只是以记忆为主的浅层学习。尽管不知道这个机器的零件，但当它损坏时，能把它修好，才叫理解，才算深度学习。

教育与学习的本质

一切教育本质上都是自我教育，一切学习本质上都是自主学习，一切自主学习本质上都是精神能力的成长。

知识与见识

学习知识是为了增长见识，有知识而没有见识，只能是知识的容器。没有见识就没有思想力，就不能服务于社会。有知识不一定有见识，知识不内化成自己的思想与方法，就没有形成见识。有见识不一定有渊博的知识，因为可以从丰富多彩的社会实践中获得见识。见识归根结底源于实践。有知识的人，容易在社会上获得较大的平台，在实践中提升自己。因此，有知识的人更有机会形成见识。

学、思、悟、行

学习，就是学、思、悟、行一个从低级到高级的过程。通过学，达到知；通过思，达到懂；通过悟，达到信；通过行，达到证。

情境

离开真实情境，很难产生体验；没有体验，很难产生真知。因此，必须推进情境化教学，让学习和现实连接起来。

> **随笔**
>
> ◎学习，不是为了超越别人，而是为了不断超越自己。
> ◎不能从别人的眼光中寻找自己，别人夸大的赞扬会让你飘飘然，别人扭曲的指责会让你昏昏然。只有真正了解自己，才能知道自己是谁。
> ◎所谓勇气，就是正确的选择。而正确的选择，永远属于善者和智者。
> ◎一个人的学习，如果不能让自己的格局变大、思想提升、方法更新，只是掌握一些死的教条，就失去了学习的真正意义。
> ◎如果把功夫用在过程中，自然会得到好的结果；如果过分关注结果，而不在过程中用功，得到的结果也不会太好。
> ◎有兴趣，学习才能开始；有问题，学习才能深化；有建构，学习才能形成素养。
> ◎努力的唯一目的就是给自己创造更多的选择生活方式的权利和自由。

加与减

人的成长就是一个由加法到减法的过程，也是一个由外求到内求的过程。年轻的时候不断向外获取，等到了一定年龄，开始去掉内心无用的东西，由外求走向内求。

聪明与智慧

聪明的人不一定有智慧，智慧的人一定是聪明的。聪明的人只懂得不带有价值判断的思维技巧，智慧的人把思维当作价值判断的工具。

情境

离开真实情景，很难让学生获得真实的内心体认与感悟。人的认知是遵循感觉、感受、感知、感动、感悟这样的路径，从低级到高级、从感性认识到理性认识而实现的。

> **随笔**
>
> ◎高三准备高考的学生会出现三种类型的心态：一是信心型，基础较好，学习状态稳定，信心十足，按照复习计划，按部就班地进行学习；二是迷茫型，基础差些，学习状态忽好忽差，信心不足，但又不想放弃，感觉很迷茫；三是放弃型，基础较差，学习状态不稳定，没有信心，学不进去，从思想上放弃、行为上放松。
>
> ◎有的教师总是把知识当成能力，认为自己掌握了知识就能教会学生，教不会时就埋怨学生太笨。其实，自己会不等于学生会，教学的艺术在于把自己会的通过教学让学生学会。

学历与学习力

高学历的人，往往具有很强的学习力；学历不高的人，也不一定没有较强的学习力。现实中，有些高学历的人吃老本而不加强学习，工作平平常常。而有些学历不高的人不断提升自己，努力学习，工作却很有成绩。

> **随笔**
>
> ◎人不怕有偏见，就怕让偏见成为主见。人最重要的能力就是自我

更新的能力。更新就是不断把偏见转化为正见，让正见成为主见。

◎其实，每个人都可以比现在做得更好，只是有的人不相信自己的潜力，从而没有挑战自己。

◎人生的重大感悟往往都是在逆境中获得的。吃苦的程度决定心灵的高度。

◎越是不善于学习的人，时间就越紧张，工作就越忙乱。不善于学习，就会缺少战略思维能力和举轻若重的工作能力，让自己陷于繁杂的事务性活动。

◎学习虽然不能直接给我们带来成功，但能够让我们获得更多的能量，从而获得更多成功的机会。

◎缺少反思的经验会成为前进的枷锁，缺少经验的反思会成为僵死的教条。唯有在实践基础上的深刻反思，才能真正促进成长。

◎知识如果不上升到方法、思想和心灵的层面，它本身不但没有实际价值，甚至可能成为我们骄傲自满的理由及精神提升的枷锁。

◎真懂的东西不用记，它会自然刻在你的心灵深处。记住的东西如果不懂，也不会走进你的心灵深处。

◎学习的目的有二：一是"学以致知"，即达致良知和真知，达到天人合一的境界；二是"学以致用"，即把良知和真知运用在实践中，达到知行合一的境界。

◎任何学习所获得的知识，如果不能变成心灵的认同和实际行动，便没有多大价值。

◎当你认为身边的人都不如你的时候，其实标志着你已经放弃了自我成长；当你能够用欣赏的眼光发现身边人的优点的时候，你就开始走向成熟，并能够不断成长。

◎没有脚踏实地、循序渐进，不可能产生灵感，更不可能顿悟。

◎学习是人的天性，但接受教育并非人的天性。教育只有顺应人的学习规律和成长规律，才能促进人的学习与成长。

◎"学"和"思"是安身之本，"善"与"爱"是立命之本。

◎人们往往把差异看成差距，差异是特点不同，差距是同样特点的东西层次不同。因此，千万不要认为别人和你不同，就是你比别人强。

◎当周围的关系发生改变的时候，一个人能够正确应对或者自己有能力改变周围的关系，就一定能够适应社会的发展。

"三力"要强

取得良好学习成绩的三要素：心力强，知道为什么而学；学力强，知道怎么学；功力强，能够心无旁骛、久久为功。

> 随笔
>
> ◎你读过的书、经历过的事，时间一长，具体的东西也许都忘记了，但是别人能从你的气质和素质中，知道你是一个读过许多书并有丰富阅历的人。
>
> ◎没有白走的路，也许你走过一段比别人更曲折的路，最后和别人到达同一个地点，但你或许比别人看到的风景更多，心灵的收获也更丰富。

学而知不足

人的认知范围是不同的，困惑也是不同的，知道得越多，困惑就越多。人的认知范围就好像大小不同的圆，已知的范围越大，圆也越大，圆外的边界就越大，自己感觉到未知的东西就越多；已知范围越小，圆也越小，圆外的边界就越小，你感知到的未知的东西也越少。因此学而知不足。

> 随笔
>
> ◎有许多东西，只有接触了，才知道自己不知道，知道后就会满心喜悦。因此，不要拒绝接触那些自己不懂的东西，往往那些自己不懂的东西，就是你需要学习的宝贵的东西。
>
> ◎古希腊哲学家芝诺的学生有一次请教他："老师，您的知识比我的知识多许多倍，您对问题的回答又十分正确，可是您为什么总是对自己的解答有疑问呢？"芝诺顺手在桌上画了一大一小两个圆圈，并指着这两个圆圈说："大圆圈的面积是我的知识，小圆圈的面积是你们的知识，我的知识比你们多。这两个圆圈的外围就是你们和我无知的部分。大圆圈

的周长比小圆圈的长,因此,我接触的无知的范围也比你们多。这就是我为什么常常怀疑自己的原因。"

◎减压的最好方法是增强动力。减负的最好方法是增加兴趣。解决心理问题的最好方法是培育正确的三观。

◎真正的学问,不能流于口耳,而要真正做到体察、体悟、体认、体行。

◎见过更大的世界后,才知道自己渺小;拥有更多的知识后,才知道自己无知;灵魂走到高处后,才知道忘我。

◎为学日益,为道日损。学习知识,要一天天地积累,达到厚积薄发。修炼品德,要一天天地减少私欲,达到纯乎天理。

◎自己本身做不到优秀,但能发现优秀,这就说明你已经走在成为优秀的路上了。

学、思、悟、用

无论是读书还是读人,只有遵循学、思、悟、用四个层次,才能真正弄懂弄通。学,只是掌握了一些碎片化的东西,还根本谈不到懂和通,如果到这个阶段就认为懂了,那就是浅尝辄止。思,通过学一定会产生许多困惑,这就需要不断思考,从事物的整体出发,找到事物中部分与部分的关系,找到内在逻辑。悟,通过学习与思考进一步把握事物的内在逻辑,进而形成对人对事的整体认识,并把这个认识内化于心。用,把自己的感悟外化于行,用自己感悟的结论进行实践或者观察人,进行验证才能知道自己的感悟是不是符合实际。

我们对事和人的认识不可能一蹴而就,需要不断经历这四个层次的学习与研究,否则很难得到对事对人的全面正确的认识,也不可能有正确的行动。

渊、详、约、简

学习要讲究渊、详、约、简。有渊才有约,无渊之约为空;有详才有简,无详之简为虚。

> **随笔**
>
> ◎研究学问，要讲究"眼高手低"。眼界一定要高，下功夫一定从低处入手，这样才能实现下学上达。
>
> ◎学习传统文化，目的是通过修身达到内化于心、外化于行的境界，而不是简单地背诵、讲解、写文章，更不能从功利主义出发去装点门面。
>
> ◎碎片化学习向整体化学习的转变是从产生问题开始的。没有问题的学习永远都是浅层次的学习。浅层次的学习不可能形成世界观和方法论。
>
> ◎凡是能够学会的，都是知识层面的东西。而人生的智慧，单靠学习是很难获得的，只能靠自身的参悟而获得。
>
> ◎人越是在黑暗中，就会越迫切地寻找光明，也越容易点燃心中的火把。

学

"学"的本义是对孩子进行启蒙教育而使之觉悟，即《说文解字》中所谓"觉悟也"。我们往往把"学"理解为学习知识与技能，而忽略了原本的"觉悟"之义。

经典

经典之所以称为经典，就是不同生活经历、不同认知水平的人，对其都有自己的理解。它对不同认知主体的影响是不同的，这就是经典的意义。

> **随笔**
>
> ◎读经典的三个层次：第一层次，通过阅读掌握字面的意思；第二层次，通过精读拥有自己的理解和见解；第三层次，通过研读掌握作者所要表达的深意。
>
> ◎读经典的关键是通过对关键词和内在逻辑的理解，掌握其核心要旨。其基本方法有三个：一是经史合参，参考经典产生的时代背景进行

参悟，理解经典所要表达的深刻内涵；二是以文解文，对关键词的理解，要从同一篇文章的上下文中寻找答案，使其前后贯通；三是以经解经，理解经典要从其他经典中寻找正确的解释，而不是主观上想当然地进行错误的理解。

◎学习经典要由浅入深，通过阅读文字了解文字的表面意思，形成对文本的碎片化理解；通过精读文章了解文章的整体架构，形成对文本核心的把握；通过研读文献了解时代背景，形成对文本的内化。

书

书有两种：一种是学者写的书，注重思维逻辑，追求"说得通"；另一种是行者写的书，注重实际行动，追求"行得通"。

随笔

◎每个人的表情和认知中都藏着他读过的书和走过的路。每一页书、每一步路，都是他成长的刻度。

◎经典之所以成为经典，原因有二：一是其中包含着关于天道与人性的深刻道理；二是不同阅历、不同心态的人，都能够从自己的角度，去解读经典。

◎书读多了，才知道什么是好书；文章写多了，才知道自己的肤浅；路走多了，才知道哪些路根本不应该走。

◎增长智慧的方法就是读好两本大书：一是读好现实这本大书，在现实中不断体悟真理；二是读好古今圣贤的经典，在经典中不断吸收思想营养。

◎知识可以传授，文化可以传承，智慧只能靠自己感悟。

◎博文明理，博文约礼。博文，就是学习；明理，即明天理；约礼，即用礼约束自己。

◎弘扬中华优秀传统文化需要做好两件事：一是创造性转化，即用优秀传统文化中的核心理念分析解决当代问题；二是创新性发展，即为优秀传统文化注入新的时代内涵。

◎如果有一种理论颠覆了你原来的认知,千万不要轻易地否定,认真学习和领悟后再来判断,也许能给你带来重大的思想提升。

读书的层次

层次一:看书,即从文字表面理解书中大意,没有脱离文字表象,属于浅层次的学习。层次二:读书,即结合自己的经历和体会解读书中大意,虽然脱离文字表象,但不一定是作者原意。层次三:念书,即脱离文字表象,自己的心念与作者心念相连,悟出作者原意。

☞随笔

◎觉悟,有时不是得到什么新的感悟,而是对自己以往坚信不疑的东西产生了颠覆性的认知。

◎成长,就是让自己的思想不断接近真实,让自己的身心活动不断接近天道,让自己的心灵不断提升,从而产生快乐的过程。

◎每个人的内心都充满矛盾,矛盾是人成长的根本动力,解决矛盾的过程就是成长的过程。如果内心被矛盾缠绕而不能破解,人非但不能成长,反而容易颓废。

第九篇
走出家庭教育的种种误区

许多家长在孩子幼小的时候，就受"不能让孩子输在起跑线上"这种观念的影响，开始违背孩子的成长规律，干预孩子的正常成长。在孩子成长过程中，有些家长认为自己有知识就能教育好孩子，自己懂理论就能说服孩子，自己有地位就能让孩子听话，自己有经济条件就能让孩子有好的成长条件。这些错误观念都会带来家庭教育的失误。

讲大道理、发脾气、刻意感动是家庭教育中经常犯的错误，空谈道理不如做出样子。情绪是挡在理智面前的一堵墙，让家长与孩子无法沟通。刻意让孩子感动，其实质就是想让自己的付出得到孩子的认可和回报，本身就不是无私的大爱。

每个孩子都是跟着家长的影子成长的，父母必须与孩子共同成长，做到身先示范。家长必须克服种种观念误区，按照孩子的成长规律进行家庭教育，以促进孩子健康成长。

理与情

孩子到了高中，逐渐成熟起来，走向独立和理智。这个时候的父母，在情感上越来越依赖孩子，换言之，不是孩子依赖父母，而是父母更依赖孩子。

> **随笔**
>
> ◎别人的过分关注，往往会降低孩子的专注力，让其精神流失率提高。因此，家长和教师对孩子的关注要适度。
> ◎让一个人厌恶一件事的最好方法，就是不断强调这件事有多重要，不断要求他去做。
> ◎母爱是世界上最强大的力量。陪伴是最大的孝心，不仅是孝心的体现，更是你获得人生力量的源泉。
> ◎让孩子失去自我的爱其实就是害，培养孩子独立的精神才是真爱。
> ◎陪伴本身就是教育，它不是看管，更不是包办。在孩子的空间里只要有你，这空间就有温度，这温度就是情感，这情感就是教育。
> ◎把财富留给孩子，还不如把孩子变成财富。所以，留给孩子千万财产，不如从小培养孩子优秀的品质和健全的人格。

富养孩子

家长如果有能力，可以富养自己的孩子。富养，并不是给孩子提供丰厚的物质条件去享用，更不是代替孩子做事情，而是给孩子提供更多的平台去体验、锻炼、磨炼，给孩子创造更多更好的成长机会和条件。

> **随笔**
>
> ◎一个要教育别人的人，首先要教育好自己。
> ◎父母的高度就是孩子的起跑线，如果你不想让孩子"输在起跑线上"，那么就要不断提高自己，让自己成长。
> ◎一些家长尽一切努力，调动自己的一切关系，为孩子创设成长"温床"，这不是爱，而是害，会让孩子失去许多成长的机会和条件。

◎每个心理有问题的孩子，内心都是一个紧锁的冷库。我们要靠情感的温度融化孩子内心的冰雪，靠智慧的钥匙打开孩子心灵的大门。

"输不起"

有些家长因为觉得"输不起"，所以凡事都小心翼翼，不敢放手，从而剥夺了孩子成长的机会与权利。

榜样的力量

孩子最好的榜样是父母。父母做不到的事情，不要勉强孩子去做。列夫·托尔斯泰曾说："全部教育，或者说千分之九百九十九的教育都归结在榜样上，归结到父母自己生活得端正和完善上。"

率先垂范

不要埋怨孩子不懂事，道理不是讲出来的，而是做出来的。家长和教师做得有道理，比说得有道理重要得多。

☞ 随笔

◎父母应该成为孩子眼前的高山，并鼓励孩子翻越这座高山，走得更高更远。

家庭教育的两个"通病"

一是讲大道理。讲大道理是低效的教育方式，越是讲大道理，孩子就越反感。因为教条永远不可能形成孩子的教养。二是发脾气。用不讲道理的方式，不可能让孩子懂得道理，情绪是挡在理智面前的一堵墙，每发一次脾气就等于失去一次教育的机会。

依赖

到了青春期,孩子对父母的依赖逐渐开始减弱,思想和行动都开始逐渐走向独立。而有些父母在这个时候不想撒手,也不敢撒手,还像孩子小的时候那样管教他们,经常用"都是为了你好""长大你就明白了"等话语对孩子进行情感绑架,从而造成孩子产生逆反情绪。其实,孩子到了青春期,不是孩子对父母依赖,而是父母对孩子依赖。

> **随笔**
>
> ◎孩子的内心本来像明镜一样清静,但由于身处风云变幻的复杂成长环境,一些灰尘难免会落在镜面上,内心失去清静后,就会迷失自我。家长和教师要时刻观察,帮助孩子擦去心灵上的灰尘,并不断培养孩子自我清理灰尘的能力,这样才能保证孩子心灵的健康。

主心骨

孩子在成长过程中必须有自己的主心骨。主心骨就是自己信赖的人、自己信奉的真理。如果没有主心骨,内心就会失去依靠、思想就会茫然。家长和教师也应该成为他们的主心骨。

切记

教师和家长都要切记:在教育孩子和促进其健康成长方面,我们永远都是学生,不要以为自己是成年人就有资格和能力教育好孩子。其实,我们真的离孩子还很远,值得庆幸的是,孩子给了我们不断反省和提高的机会。

> **随笔**
>
> ◎有些家长恨不得把所有优秀孩子的优点都集中在自己孩子身上,总是不满足,不断给孩子加压,最终导致孩子因不能承受压力而走向家

长期望的反面。

◎学生能否健康成长，取决于家庭、学校、社会三方面的综合影响，三者不是相互孤立的"孤岛"，而是相互联系、相互补充的"环岛"。

◎有些家长不注重孩子的成长过程，总是期望孩子成才与成功，做一些急功近利的事情，结果事与愿违、事倍功半。

◎现实中，有些高学历家长并不会教育孩子，他们百思不得其解。其实，他们是错把有知识当作了懂教育。

◎如果孩子只是为了给父母争光、给学校争光而学习，是不可能取得理想成绩的，这种外在的压力不可能成为孩子学习的真正动力。

家庭教育的三大误区

一是错把自己有知识当作懂教育；二是错把学习知识提高分数当作教育；三是认为孩子没有独立性而代替他们做判断和选择。

随笔

◎家长教育自己的孩子，最忌讳两件事：一是自己根本做不到的事情，要求孩子做到；二是用自己不相信的道理去教育孩子。

养育与教育

学生的成长状态是家庭"养育"与学校"教育"共同作用的结果。父母在"养"中"育"，学校在"教"中"育"。如果家庭光"养"不"育"或学校光"教"不"育"，那么学生都不可能健康成长。

随笔

◎给孩子时间的人，是对孩子的真爱。孩子需要你陪伴的时候，家长应舍得花时间陪在孩子身旁；孩子需要独处的时候，家长应做到"隐身"，把时间和空间留给孩子。

◎令孩子产生巨大心理压力的两大家庭因素：一是家长对孩子期望过高，而没有容错心理；二是家长为孩子无限付出，而带来情感枷锁。

◎作为家长和教师,在学生成长过程中,一定要有容错心理。要允许孩子犯那些可以犯的错误,通过容错与纠错促进他们健康成长。

◎望子成龙,人之常情。父母首先应该关注孩子的身心健康,不能一味地强调学习。如果父母和孩子之间的话题只剩下学习一件事情的时候,孩子的心理往往会出问题。

◎父母对孩子的爱是对的,但爱的方式却不一定都是对的。

◎好的父母要有孩子思维,只有换位思考,才能产生巨大能量。

◎在家庭教育中,不要只关注孩子的学习成绩,而忽视对孩子良好习惯和优秀品质的培养,绝对不能因为孩子取得了好成绩就允许他们犯不应该犯的错误,不能用成绩交换品德。

◎现在的孩子虽然生活条件好了,但精神压力变大了。家庭和学校的高度关注和过高期盼,会成为孩子的精神枷锁。

爱,有时需要等待

一个小朋友拿着两个苹果,妈妈问他:"给妈妈一个好不好?"小朋友看着妈妈,把两个苹果各咬了一口。此刻,妈妈的内心有种莫名的失落。孩子慢慢地嚼完后,对妈妈说:"这个最甜的,给妈妈。"爱,有时需要等待。

随笔

◎教育的根本任务是立德树人,家长首先应该是望子成人,其次才是望子成龙、望女成凤。

◎家长过多的付出,往往会给孩子带来精神压力。家长的幸福如果建立在孩子未来是否成功,当下的快乐建立在孩子学习成绩的好坏,那么家长对孩子的付出都可能会成为孩子的精神枷锁,甚至导致孩子产生心理问题。

◎有一种害叫无微不至。爱孩子没有错,但是当爱变异为一种包办一切的呵护时,就成了一种贴着"爱"的标签的害。

◎成年人与孩子在两个认知世界里,千万不要期望用成年人的认知去解决孩子的思想困惑。只有真正走进孩子的认知世界,才能够找到解决孩子思想问题的法门。

第十篇
领导与管理的核心密码

领导者的职责是制定正确的政策和策略,保证团队做正确的事情。管理者的职责是把正确的策略变成员工的自觉行动,保证把事情做对。

领导者必须成为团队的方向标杆、精神符号和道德形象,保证团队前进的正确方向,增强团队的前进动力。管理者必须具有强大的执行力,敢于担当、勇于负责,一丝不苟地把领导的决策变成现实。

领导者在工作中必须坚持依法管理、以德管理、民主管理、科学管理。依法管理,强调依照法律法规办事,并形成本单位的制度体系;以德管理,强调团队精神,树立共同愿景;民主管理,强调发扬民主,人人都是管理者;科学管理,强调评价体系建设,奖勤罚懒。

领导者只有身先士卒、率先垂范,才能敢于"叫板儿";只有刻苦钻研、掌握规律、把握方向,才能敢于"较真儿";只有把自己的思想和观念变成同事的自觉行动,才能敢于"较劲儿"。

科学性与公平性

任何一个涉及利益的决策，都要考虑其科学性和公平性。科学性往往受到各种人为因素的影响而难以实现。公平性往往受到各种利益集团的阻碍，也难以实现。如果科学性与公平性不能同时实现，首先必须保证公平性，不让绝大多数人的利益受损。

> **随笔**
>
> ◎好制度要做到既科学又公平，制度里面没有漏洞，让他人没有空子可钻。
> ◎如果选拔人才的标准错了，再科学的程序也不会选拔出真正的人才。
> ◎任何科学制度的制定，都必须考虑人性。
> ◎你的思想跑得再快，如果你的团队跟不上，你也只能是个"思想家"，最终也改变不了现实。只有把个人的思想变成团队的行动，才能真正改变现实。

"要我干"与"我要干"

"要我干"是一种被动消极的工作状态，这种工作状态下，人就会得过且过、适可而止，只要达到要求的标准就满足了；"我要干"是一种主动积极的工作状态，这种工作状态下，人就会脚踏实地、积极进取，追求更高的目标，达到更高的境界。因此，"要我干"者追求的是低标准，"我要干"者追求的是高境界。

过程与结果

有些事情，过程比结果更重要，应该注重过程；有些事情，结果比过程更重要，应该注重结果。管理者必须厘清过程与结果的关系，并有针对性地管理好过程与结果。

决策者的大忌

不经过深入细致的调查研究，不用联系、变化、发展的观点分析问题，就做出简单的判断，然后指手画脚地瞎指挥，这是决策者的大忌。

管理

不管不理，用理去管。成功的管理就是通过管理使努力工作的人得到自己想要的东西，让不努力工作的人失去最不想失去的东西。

> **随笔**
>
> ◎要撬动一个巨大的物体，一是要找到支点，二是要找到杠杆，三是要有压动杠杆的力量。如果你想做的事情还没有做成，那么自己要去看看哪一个条件还不具备。

退而求其次

要想做成一件事情，从理论上讲或许有不止一个方案，但如果你走进现实就会知道，理论上最好的方案在现实中不一定可以实施，而需要启动最符合现实的方案。这就是退而求其次。

> **随笔**
>
> ◎想做事的人，方法自然会找到。不想做事的人，传授给他方法又有何用？激发人做事的积极性，是改革的基本前提。
>
> ◎如果让你做一件有意义的事情，但你不知道为什么要做这件事时，还会乐此不疲地去做吗？

"三不为"

能力不足而"不能为",动力不足而"不想为",担当不足而"不敢为"。

> **随笔**
>
> ◎任何管理都必须从人性出发,保护好人性中美好的东西,让人性中美好的东西放射出耀眼的光芒。
>
> ◎名和利永远是衡量人类灵魂的镜子。
>
> ◎完成理论与现实的对接,需要真懂理论和掌握实情,光懂理论而不了解实情或者光了解实情而不懂理论,不可能对事物做出正确的判断,更何况对理论还一知半解、对实情还不完全把握,怎能对事物做出正确的判断?
>
> ◎管理就是用"理"去管,形成条理。管理应该提倡人们应该做什么,而不是禁止人们做什么,要让人们尽心尽力去做应该做的事情。
>
> ◎领导者如果能够登高望远、脚踏实地、精益求精、冲锋在前,敢于在同事面前喊出"向我看齐"的口号,那么就有"叫板儿""较真儿""较劲儿"的资格,其团队也能成为一个卓越的团队。
>
> ◎用人管理是人治,是管理的最低层次;用制度管理是法治,是管理的中级层次;用文化管理是文治,是管理的高级阶段。
>
> ◎文化建校、科研兴校、特色强校、质量强校,是学校可持续发展的绿色通道。
>
> ◎如果你有梦想,就找一个有梦想的团队,那里可以给你提供实现梦想的土壤。把有共同梦想的人组织起来,这个组织就是一个团队,这个共同的梦想就是共同愿景。

抓住关键的"少数"

抓住20%的关键"少数",就能制约和牵动全局。让20%的"先进"散发出正能量,遏制20%的"后进"散发出负能量,一个单位就会风清气正、积极向上。

> **随笔**
>
> ◎要想推动事物向前发展，需要找到三个要素：一是支点，二是杠杆，三是压力。这三个要素缺一不可。

个性与共性

我们经常把具有普适意义的共性经验当作个性来对待，认为学不了，而放弃学习。把一些个性化的经验当作具有普适意义的经验去照猫画虎般地学习，结果事倍功半。

> **随笔**
>
> ◎制度是为了促进工作开展，当制度成为工作开展的枷锁时，就必须改变制度。
>
> ◎领导干部如果没有危机意识、大局意识、创新意识，就不可能实现大的突破。如果没有奉献精神、担当精神、攻坚精神，就不可能带出一流的团队。
>
> ◎一切从实际出发。实际，一方面是客观现实，另一方面是人性的现实。只有把这两个方面统一起来，才能轻装出发。
>
> ◎两种东西不能挑战：其一，不能挑战客观规律，违背规律就会失败；其二，不能挑战人性，挑战人性，寸步难行。
>
> ◎把制度挺在前面，把文化融入心中，一个单位才能有核心竞争力。
>
> ◎小胜靠力，中胜靠智，大胜靠德，全胜靠道，道乃德、智、力之和。
>
> ◎特权是法治的天敌，它只能让规则和法律走向堕落，让社会失去公平。只有消灭特权，才能走向民主科学，实现社会公平。
>
> ◎魄力不是大喊大叫地去做事，而是不动声色地干成事。
>
> ◎领导的两大职责：一是制定正确的政策和策略；二是把正确的策略变成员工的自觉行动。
>
> ◎小格局永远不可能顺大势，也不可能求大是，更不可能成大事。

领导者

领导者首先要实现自我成长,其次是带动团队成员成长,最后是实现整个团队不断成长。

> **随笔**
>
> ◎想干事、会干事、善共事、干成事、不出事。
>
> ◎任何顶层设计,如果不能转化为基层的动力与行动,都会成为泡影。
>
> ◎领导的魅力在于,面临重重困难,让员工心里不畏惧、不失望、有依靠,总能够看到希望;面临胜利,高兴而不能忘形,站在高峰上,能够看到更高的山峰,且让员工愿意跟随你攀登新的高峰。
>
> ◎优秀的单位,不是领导的正确决策变成层层减压的被动行动,而是变成层层加压的主动出击。优秀的领导不是把自己变成火车头,带动一节节没有动力的车厢,而是把节节车厢变成都有动力的动车组。
>
> ◎做同样一件事情,不同的人出发点不同,做事的层次也不同。如何让不同的人做同样的事情,考验领导者的水平。
>
> ◎一个有灵魂的校长,才能让学校有灵魂、让教师有幸福、让学生有发展。有灵魂,就是有教育信仰、教育情怀、教育思想、教育担当、教育策略、教育行动。

担当

所谓担当,就是敢于做那些别人不认可、不支持甚至反对的正确的事情,不怕牺牲个人利益,不忘初心,一往无前,直至成功。

执行力

执行力是一种态度、一种精神、一种能力、一种素质。执行力就是做事要尽心尽力,它是领导者必备的品格和关键能力。没有执行力,就没有领导力;

没有执行力,任何美好的理想也都无法变成现实。

> 👉 **随笔**
>
> ◎有价值的事情,谁做不重要,谁做成功了不重要,功劳簿上有谁的名字也不重要,重要的是有人去做,有人能够做成。
> ◎校长是学校的领导者、管理者,是教师的教师。

天道与民意

正确的事情,不但要符合规律,还要尊重民意,两者之间在现实中,往往不能完全一致。因此,做正确的事情,不但要把握规律,还要让群众认可。

> 👉 **随笔**
>
> ◎再好的事情,不想干、不会干,都干不成。
> ◎一个没有集体荣誉感的人,就会事不关己高高挂起,这样的人缺乏激情与动力,也会远离快乐与幸福。

顶层设计与基层创新

顶层设计如果没有变成基层的自觉行动,就会成为空谈;基层创新如果得不到上层的肯定与支持,往往会半途而废。只有顶层设计与基层创新相互推动,才能释放出巨大的能量。

> 👉 **随笔**
>
> ◎领导者手中能够披荆斩棘的利剑是什么?是他带领的那一支有共同愿景,能够同心、同德、同行的敢于亮剑的团队。

成功=力度+角度

力度,就是想干事的激情与脚踏实地的行动。角度,就是正确的途径与方法。没有想干事的激情,没有脚踏实地的行动,任何好的途径与方法都是无用的。

前瞻性

别人看不到的变化,你能看到;别人没有变化的时候,你已经做出了改变。这就是前瞻性。

> **☞ 随笔**
>
> ◎如果你的梦想成为团队的愿景,你的思想转化为团队的行动,就会梦想成真。

文化建校

文化是学校的核心竞争力,文化建校是学校发展的重要战略。因此,要用中华优秀传统文化、红色文化、社会主义先进文化建设学校,并在建设过程中形成自己的核心价值观,用自己的方式践行社会主义核心价值观,以推动学校健康发展。

导航与行动

一个单位要实现发展目标,不但要有正确的导航,而且其团队要能够按照导航行动。

解读与表达

作为校长,必须具备解读政策的能力,对党和国家的重大方针政策理解通透，并做出校本化的表达，做到顺大势、求大是、成大事。

领导与管理

领导者的职责是做正确的事情，管理者的职责是把事情做正确。校长既是领导者，又是管理者，但要不断实现由管理者向领导者的转变。

> **随笔**
>
> ◎一个单位的领头人，只有成为团队的精神符号和道德形象，才能让团队具有方向和动力，带领团队走得更远。
>
> ◎一个团队的成员，是跟着领导者前进的。因此，一个团队的问题往往是领导者问题的现实表现。要解决问题，领导者需要反求诸己，从自身找到解决问题的方法。
>
> ◎任何评价的目的，都是鼓励先进和鞭策落后。如果达不到这两个目的，就说明这个评价系统本身价值不大。
>
> ◎管理，只有从他律走向自律，才能够称之为成功。因此，管理制度必须顺应人性之本能，从而让被管理者达到超越人性之灵魂的境界。
>
> ◎一个团队的发展，最重要也最难的就是通过团队文化建设，形成团队成员共同的价值认同。
>
> ◎作为领导者，应在决策中所寻找最大公约数，以找到平衡点。
>
> ◎领导者拥有诚实正直的品格，以德服人，才能赢得下属的信任与追随。管理所追求的终极目标，应是帮助人性回归至善，让员工各尽其职，从而为人类社会发展做出贡献。

有思想的行动者

领导者自我提升是一个艰苦的过程，能否成为一个有思想力的领导者，考验的是领导的学习思考力。领导者把自己的思想变成团队成员的行动，更是一个艰苦的过程。能否把思想变成行动，考验的是领导者的行动领导力。

> **随笔**
>
> ◎一个团队的领导者，如果没有较高的政治站位，没有领导智慧和领导能力，没有斗争精神，就不可能有强大的行动力，更不可能成就一番事业。
>
> ◎领导者只有攻破两大难点，才能成就事业：一是不断改变和提升自我，二是不断改变和提升自己的团队。

校长职责

校长最重要的两项职责：一是确定学校发展方向和战略；二是通过教师的快速成长促进学生全面发展。

> **随笔**
>
> ◎领导者不一定能够统一团队所有人的思想，但要能够统一大多数人的思想。因此，领导者要善于用团队的共同愿景激励团队成员共同奋斗。

管教

管教，即管理和教育。儿童的成长就是由他律走向自律的过程。管，就是他律，在管的过程中一定不能缺少教，教是由他律向自律转化的条件。光管不教，学生很难健康成长。

> **随笔**
>
> ◎领导者只有谦虚低调，才能真正走进群众，成为群众的一员，从而了解实情，做出正确决策。
>
> ◎见识不一定能够成为共识，共识往往也不一定是见识。领导有三项职责：第一，让自己有见识；第二，把自己的见识转化成团队成员的共识；第三，把共识转化成团队成员的自觉行动。
>
> ◎作为团队的领导者，当一件事情没有做好的时候，一定要认真反思，找到原因。千万不要说我已经尽力了，因为很少有人关注你做事的过程，大多数人关注的是结果。

◎教师队伍建设的核心就是找到教师自我成长内驱力的支点与杠杆,提高教师自我发展的能力。

◎不解决教师成长的内在动力问题,再高层次的培训都是低效的。

◎教师成长的最核心问题就是成长动力问题。没有成长动力,仅靠外力推动,教师不可能快速成长。教师如果不能把自己的工作使命与民族的振兴结合起来,就不可能获得真正的成长动力。如果只向教师传授具体的技巧,并强迫教师进行学习,不可能解决成长动力问题,也不可能促进教师成长。

校长"三度"决定学校"三度"

校长思想的高度决定学校发展的高度,校长人品的厚度决定学校文化的厚度,校长视野的宽度决定学校未来的宽度。

随笔

◎校长的思想力主要体现在把办学理念做出哲学表达上。校长的行动力主要体现在把办学理念变成教师的自觉行动上。

◎一个团队如果拥有共同的文化认同和价值追求,就会心力十足、攻坚克难、高效工作、不断前进。

◎管理工作必须坚持两项基本原则:一是高位的思想观念引领;二是底线的行为要求。

评价

评价是为了优化过程,促进良好成果的获得。不能为了评价而评价,不能搞五花八门的评价创新。

随笔

◎领导者的根本在于用人,即用什么样的人,具体取决于领导者自身的德行。德行高度取决于对天道、人性感悟的深浅。感悟的深浅取决于内心的大爱情怀。

◎任何脱离人性的精细化管理、数字管理、流程管理,都不可能收到良好的效果。

◎任何一件事情在全局中的地位和作用都是客观的,不能任意夸大和降低其作用,这样才能在具体实践中做到恰到好处。

◎管理,即给相关的人找合适位置,给相关的位置找合适的人。

◎万众一心,攻无不克;万众万心,一事无成。

无、有、威、危

领导者的层次:在"无"方面用功,达到无为而治;在"有"方面用功,人们敬而从之;在"威"方面用功,人们惧而不敬;在"危"方面放纵,人们唾弃背离。

随笔

◎领导者的职责是出思想和用干部。中层干部的职责是把领导者的思想变成群众的自觉行动。

◎领导者应该具备三种基本思维方式:一是战略思维,即从高处看当前工作的地位和作用;二是系统思维,即把握各项工作的内在联系,做到通盘考虑;三是辩证思维,即把握系统中的主要矛盾,用解决主要矛盾推动次要矛盾的解决。

◎一个单位的发展,近期靠领导者,中期靠战略,长期靠文化。优秀的领导者必须做到立足长远而又脚踏实地,不断培育团队的核心文化,这样才能实现可持续发展。

第十一篇
创新的本质是冲破禁锢回归本真

> 改革创新是时代的主题，也是事业发展永恒的主题。改革需要担当与智慧。没有担当的改革者，总是高举"一切从实际出发"的大旗而拒绝出发，而那些敢于担当却没有智慧的改革者，即使出发了，也往往在改革的路上步履维艰，让改革无法达到预期的效果。
>
> 教育改革与创新必须坚守人本主义，打破功利主义枷锁，回归本真，回归本性，而不是用新花样让教育一点点远离本真。教育改革创新要实现"三个转变"：一是教育立场由知识本位向成长本位转变；二是人才培养模式由追求高分向追求高素质转变；三是人才选拔模式由单一地追求公平向兼顾公平与科学转变。
>
> 任何改革创新都存在两大阻力：一是传统思想观念难以破解；二是既得利益者的阻挠。我们一定要随着现实的变化，不断解放思想，打破原有利益格局，不断深化改革，脚踏实地地去完成目标。

一切从实际出发

一些人总是喊着"一切从实际出发"的口号,却从来不出发。事实上,他们不知道实际是什么,也不知道什么时候出发,更不知道出发后去哪里。

> **随笔**
>
> ◎我们往往打着创新的旗号,让教育越来越远离本真。现在教育改革创新的根本任务,应该是让教育回归本真。教育即人学,教育必须服从服务于学生的成长与发展。
>
> ◎在现实中,做一件有益于学生发展的事情,不仅仅需要智商和情商,更需要胆商,不崇尚真理、不敢坚持真理、不敢实践真理,就什么也做不成。

课堂教学的"三个转变"

课堂教学要实现由"教"为中心向"学"为中心转变;由传授知识向提升能力转变;由教书向育人转变。

"互联网+"

千万别把"+"理解成"加"。"+"是与行业深度融合的意思,就是与行业理念、推进策略、实现途径、具体方法相融合。互联网是一个现代化的工具,利用互联网可以提高效率和效益。如果你有了这个工具,但没有真正融合,实质上是没有实现"+"。

输入与输出

"听"和"写"是学生学习的输入,"说"和"演"是学生学习的输出。如果教育工作者不断引导学生输出,当学生入不敷出的时候,就需要大量地主动输入。因此，展示（"说"和"演"）既是培养能力、品质和人格的过程，又是学生学习的动力。输入与输出构成学生成长的过程。

突出"四主"，深化课改

政府主导、学校主体、教师主角、学生主人。

> **☞ 随笔**
>
> ◎在喧嚣烦躁的现实中，"真做事"并不难，但"做真事"却很难。烦躁和浮躁都是心中没有信仰和目标的外在表现，如果你真正有了信仰和目标，就一定能够找到支点和杠杆，推动全局的发展。
>
> ◎如果把立足点从让学生被动地应付功课和考试，转移到提高学生自学能力和自我管理能力上，从而培养出更多的会自主学习、自我管理的学生，教育就成功了。

特色与本色

基础教育不应该疯狂地追求"特色"，而应该追求符合学生身心发展规律的"本色"。过分追求"特色"，就会让教育"褪色"，走向教育预期的反面。

> **☞ 随笔**
>
> ◎只改变方法是改良，改变立场和观念才是真正的改革。
>
> ◎一些人拒绝学习成功的经验，总是说别人有别人的实际，我们有我们的实际，应该一切从实际出发，不要走别人的路。其实，成功的经验具有普适性和科学性，无论你学或不学，它都会影响到你。
>
> ◎所谓失败，就是告诉你此路不通，要重新出发。
>
> ◎人生中比冒险更可怕的是你从来不冒险。

"不争论"与"不折腾"

"不争论"必须成为我们的思想方法,"不折腾"必须成为我们的行为准则,只有这样才能埋头苦干,认真做事,获得成功。

> **随笔**
>
> ◎鸡蛋,从外打破是食物,从内打破是生命。人生亦是,从外打破是压力,从内打破是成长。如果等待别人从外打破你,你可能成为别人的"食物";如果能让自己从内打破,你会发现这是一种重生。
>
> ◎改变一种行为不要拖到明天,否则它会变成习惯;拒绝一份诱惑不要拖到明天,否则它会造成伤害;抓住一次机会不要拖到明天,否则失去它不会再来;做出一个决定不要拖到明天,否则它无法带来精彩。

掀锅盖

把鸡蛋放在锅里煮,但总是不断地掀锅盖,检查鸡蛋是否煮熟,结果是鸡蛋半天煮不熟。如果水开了,你耐心等待一会儿,鸡蛋自然会被煮熟。"掀锅盖"是急功近利的行为,如果你总是急功近利地掀锅盖,鸡蛋则会半生不熟。改革也是如此。

> **随笔**
>
> ◎勇气来自对现实的认识、对自身的了解、对责任的担当、对事业的热爱、对真理的追求。
>
> ◎拆除的目的是重建,现实中有一些批评家,他们只是品头论足、怨天尤人、不拆也不建,还有一些"实干家",总是拆而不建。
>
> ◎如果我们不能在"困境中"突围,不能在"边界上"守望,不能因改变而创新,不能因挑战而碰壁,那么,我们用什么影响学生,用什么发展学校。
>
> ◎我们要把对现实的不满转化成内心的焦虑,用内心的焦虑激发内在

的良知。良知要求不能平庸苟且、浪费时光，而要有所行动、有所作为，在无路处寻路，敢于踏坎坷之路，敢于挑战现实环境的矛盾，不怕"冲突"与"斗争"，敢于碰撞出"事故"，因为有"事故"才能产生"故事"。

◎改革是永恒的主题，必须随着现实情况的变化，不断与时俱进。如果总是躺在昨天改革的功劳簿上，不根据变化了解现实、深化改革，昨天的改革也将成为历史。

◎"坐而论道"的人越来越多，"做而论道"的人越来越少。"坐而论道"的人越多，就越会影响聚力改革。

模式与模式化

模式是思想与行动的中间环节，是一种指导行动的框架结构，是让思想走向行动的桥梁。我们提倡有模式的行动，但坚决反对千篇一律的模式化。一元思想下可以有多种模式，模式不是唯一的，好的模式一定是符合知识本身的逻辑规律和学生认知的基本规律的。

随笔

◎面对新形势，如果没有新思维、新思路、新策略、新方法、新行动，就不会有新作为。

◎回顾过去，我们在冰天雪地里一路前行，踏出一串脚印，让后来者不迷失方向，这就是我们喜悦的原因。

◎因循守旧和抱守残缺者，总是谈"改"色变，他们恐惧和拒绝变革。原因很简单，一是他们没有迎接"变"的能力，二是他们唯恐"革"了自己的"命"。

创新

创新是时代的主题，不是空喊的口号。它包括思想观念创新、体制机制创新、方式方法创新。思想观念创新是前提，体制机制创新是保障，方式方法创新是途径。

> **随笔**
>
> ◎万事俱备之时，往往是东风已过之时。因此，只要自己的心念已备，就要出发，一切物质条件在出发后的路上都会慢慢得到。
>
> ◎人们之所以很难改变自己的想法和做法，就是因为当前的一切还能适应现实的需要。人们没有真正意识到现实已经悄悄发生了变化，只是处于渐进的量变阶段，一旦达到质变的突变阶段，没有准备的人就会惊慌失措、难以适应。成功总是属于那些未雨绸缪、主动迎接改变的人。

主产品与副产品

我们想要酿的是美酒，而不是酒糟；想要的豆腐是鲜美的豆腐，而不是豆腐渣。现实中，有的人往往放弃美酒和豆腐这样的主产品，去追求酒糟和豆腐渣这样的副产品。其实，多数情况下，主产品有了，副产品自然会有。

> **随笔**
>
> ◎任何改革如果不能变成教师的实际行动，都会成为纸上谈兵，难有实效。
>
> ◎教育改革的"最后一公里"就是课堂改革，教育的立场、观点、方法只有落实到课堂上，才能取得实效。广大基层教师担负着用小课堂撬动大教育的神圣使命。

建设、建模、见效

只有遵循学科规律进行课程建设，遵循学生认知规律进行课堂建模，遵循教育规律进行教学，课堂教学才能见效。

教育的供给侧结构性改革

教育的产品是课堂，教育的消费者是学生，不要总埋怨学生不消费，而要思考我们的产品是不是适合学生消费。因此,教育改革不能总在如何让学生消费的方面想办法,而应该进行供给侧结构性改革,提供适合学生消费的高品质课堂。

课程建设与课堂建模的关系

课程建设与课堂建模的关系是内容与形式的关系。课程建设是根据学科规律整合教材,课堂建模是根据课程选择课堂模式。课程建设决定课堂模式,教学应该用课程建设撬动课堂建模。

顶层设计与基层行动

教育改革最终能否成功,并不取决于少数仁义之士的决心,而是取决于绝大多数人的行动。也就是说,教育改革单靠顶层设计还不行,还必须依靠广大基层教师的有效行动。

不进则颓

事物总是处在不断发展变化中,我们必须从不断变化的现实出发,提出新理念、新观点、新策略,采取新行动,取得新成绩。要知道,不进则颓,不进则退。

> ☞ 随笔
>
> ◎精,指的是发力的部位;准,指的是发力的方向。精准发力,才能突破,突破才能实现突围,突围才能突出,突出才能进入一个新的境界。

教育的"两大撬动"

新时代教育的"两大撬动":一是双轮驱动,用新高考改撬动新课改;二是课堂革命，用小课堂撬动大教育。

◎通过确立"立德树人、服务选才、引导教学"这一高考核心功能，回答了"为什么考"的问题；通过明确"必备知识、关键能力、学科素养、核心价值"四层考查内容及"基础性、综合性、应用性、创新性"四个方面的考查要求，回答了高考"考什么""怎么考"的问题。考试大纲，既是高考评价体系的具体实现，也是高考考试内容改革成果和方向的具体体现。

创新与卓越

简单的事情做到极致，就是创新；创新的事情做到极致，就是卓越。

学习革命与课堂革命

学习革命，就是由表层学习走向深度学习，由被动学习走向自主学习，由碎片化学习走向整体化学习，由关注知识走向关注关键能力。学习革命必须依靠课堂革命才能真正发生，课堂革命的关键是进一步调整教与学的关系。因此，要构建以"学"为中心的课堂模式。

◎创新，就是不断调整思路与行动，让思想与行动接近事物的本然状态，即符合本真。科学的创新就是本真的回归。

中高考改革与课程改革

中高考改革是指挥棒，对课程改革具有牵动作用，但不能起决定性作用，或者说只是一种重要的外因。课程改革的内因是教师思想观念的更新、教学方式的创新。因此，课程改革不能完全依赖于考试制度的改革。

> **随笔**
>
> ◎教育改革的实质就是找到激发学生学习内驱力的支点和杠杆,提高学生自我健康成长的能力。
>
> ◎教育改革与发展必须遵循三大规律,即社会发展规律、教育教学规律、学生成长规律。只有把这三大规律结合起来,才能真正推动教育事业健康发展。
>
> ◎如果把教育改革与创新称为变,那么这些变都是为不变的初心和使命服务的。

改革永远在路上

任何深层次的改革,都会涉及调整结构和改变利益格局,所释放的潜能都是有限的。因此,改革永远在路上。

> **随笔**
>
> ◎偏离本质和规律的改革,其实就是所谓折腾。遵循本质和规律的改革,才是真正的创新。改革的实质,就是用新的手段和方法回归本真。